KB079000

댈러스 매버릭스 구단주 마크 큐반의

비즈니스 경쟁에서 승리하는 법

HOW TO WIN AT THE SPORT OF BUSINESS

마크 큐반 지음 | **존 최** 옮김

댈러스 매버릭스 구단주 마크 큐반의

비즈니스 경쟁에서 **승리하는 법**

BUSINESS 101

CONTENTS

책 소개 • 007

#1 꿈 • 011

#2 내가 얻은 교훈들 - 내 첫번째 사업 규칙 • 044

#3 비즈니스 스포츠 • 051

#4 인생에서 컨트롤할 수 있는 한 가지: 노력 • 061

#5 산만한 생각이 들 때와 대학에 있을 때
- 21살에 한 가지 일에 집중하는 것은 과대평가된 일이다 • 066

#6 당신은 무엇이 될 운명인가? • 069

#7 한 번만 옳으면 된다 • 073

#8 바비 나이트에게 배운 것 • 080

#9 기회에 익사할 수 있다 / 현재 벌어지고 있는 전투에서 승리하기 • 083

#10 자신에게 거짓말하지 마라 • 095

#11 최고의 자본은 땀의 지분이다 • 100

#12 90세가 되면 무엇을 기억하겠는가? • 111

#13 고객과의 연결 • 114

#14 불평해도 괜찮다 • 118

#15 저항이 가장 작은 길 • 122

#16 일자리가 필요한가? • 130

#17 거절을 받아들이는 것과 다른 비즈니스 실수들 • 136

#18 경기 불황 속에서 살기, 다시 말해 쌍욕이 나올 때 해야 할 일 • 140

#19 고객의 말을 절대 들어서는 안 되는 이유 • 148

#20 마크 큐반의 12가지 스타트업 규칙 • 152

#21 마크 큐반의 12가지 성공 철학 • 158

"열정을 쫓지 말고 노력을 따르세요.
인생에서 당신이 컨트롤할 수 있는 유일한 것은
당신의 노력입니다."

"Don't follow your passions, follow your effort.
The one thing in life that you can control is your effort."

책 소개

INTRODUCTION

책을 써달라는 요청을 몇 번이나 받았는지 모릅니다. 기억이 나지 않을 정도로 많이요. 사실 저는 책을 쓰고 싶지 않았습니다. 왜냐구요? 제 인생은 아직 끝나지 않았으니까요! 전 아직 젊고, 재밌는 사람이에요. 제 외모가 약간 볼품없긴 해도 제겐 좋은 가족이 있어요. 제 인생은 이제 막 좋아지기 시작했죠. 그래서 책을 쓰기에는 너무 이르다고 생각했습니다.

하지만 저는 블로그에 포스트를 계속 올려왔습니다. 꽤 많이요. 올린 글의 대부분은 창업과 기업가들이 직면하는 도전에 대한 것입니다. 일부는 사업 운영에 관한 것이고, 삶에 대한 글도 있습니다.

그래서 저는 책을 쓰는 대신 지난 7년간의 인기를 끈 개인적인 블로그 게시물 중 일부를 모아 '큐레이션(Curation)'[1]하고 (제가 최신 유행어를 어떻게 사용했는지 보셨나요?) 업데이트하기로 결정했습니다.

여러분이 제 글을 읽으면서, 정독해야 한다는 부담감은 느끼지 마세요. 이 책을 여러분 내면의 열정에 불을 지피고 동기를 부여하는 방법으로 활용해보세요. 필요할 때면 언제든 이 책을 펼쳐보고 다시 생각나는 게시물을 제 블로그에서 찾아보세요. 아니면 모든 블로그 게시글의 단어 하나하나를 빠짐없이 읽어도 좋습니다. 둘 중 어느 쪽이든 이 책이 목표를 달성하고 인생을 더 재미있게 사시는 데 도움이 되는 귀중한 지식이 되었으면 합니다.

한 가지 중요한 것이 있다면, 제가 만약 세상에서 가장 운이 좋은 사람이라면 여러분도 약간의 노력과 운으로 '행운아' 타이틀을 놓고 저와 경쟁해 볼 수 있다는 것을 깨닫

1 다른 사람이 만들어놓은 콘텐츠를 목적에 따라 분류하고 배포하는 일

게 해주고 싶다는 것입니다. 물론 제가 타이틀을 쉽게 포기하지 않겠지만요. 하지만 제가 여러분과의 경쟁에 열을 올릴 거라고 확신해도 좋습니다.

이 책을 좋아하든 싫어하든, 책을 다 읽으시면 mark.cuban@dallasmavs.com으로 제게 이메일을 보내 책에 대해서 어떻게 생각하는지 알려주세요. 꼭 답장을 드리겠다고 약속할 수는 없지만 여러분이 이 책이 얼마나 훌륭했는지, 그리고 더 중요한 것은 여러분의 친구와 동료들에게도 책을 구매하라고 설득했다고 저에게 말한다면 제게서 답장을 받을 확률이 확실히 높아질 것입니다. 저는 한번도 애매하게 말한적이 없어요!

#1 꿈

THE DREAM

나도 그랬다. 주말마다 큰 저택을 지나가면서 누가 사는지 궁금해하곤 했다. 그들은 직업이 무엇이었을까? 어떻게 돈을 벌었을까? 언젠가는 나도 저런 집에 살아야 겠다고 다짐했다. 나는 성공한 사람들에 관한 책을 읽었다. 사실 손에 잡히는 책과 잡지는 모조리 읽었다. 그리고 책에서 얻은 좋은 아이디어 하나가 책값을 할 뿐만 아니라 내가 성공할지 말지를 결정할 수 있을 거라고 생각했다(그리고 이 책이 여러분에게 그런 영향을 끼치기를 바란다!).

나는 좋아하지 않는 일을 했다. 내가 정말 좋아했지만

경력으로 쓰기 어려운 일도 했다. 집세도 겨우 낼 수 있는 일도 했다. 내가 얼마나 많은 직업을 가졌던지 부모님은 내가 안정적으로 삶을 살 수 있을지 걱정할 정도였다. 내가 그동안 가진 직업 대부분은 일한 기간이 너무 짧거나 민망할 정도로 멍청한 일이라서 더 이상 내 이력서에 기재하지 않는다. 이력서에 분유 판매, TV 수리, 프랜차이즈점 근무에 대해 쓰고 싶지 않을 것이다.

나는 어떤 일을 하든, 내가 그 일을 좋아하든 싫어하든 배우면서 돈을 벌 수 있고, 내 모든 경험은 나중에 커서 무엇을 하고 싶은지 결정할 때 가치가 있을 거라고 마음속으로 합리화하곤 했다.

나는 커서 내 사업을 운영하고 싶었다. 매일 나 자신에게 했던 말이 바로 그것이다. 사실 나는 자신감만큼이나 의구심도 많았다. 그저 자신감이 의구심을 이기고 모든 것이 잘 풀리기를 바랄 뿐이었다.

우리 모두는 꿈에 그리던 직업을 갖거나 자기 회사를 운영하기를 원한다. 진실은? 말처럼 쉬운 일이 아니다. 우리는 생계를 유지할 수 있는 일자리가 필요하고, 완벽한 상황을 찾을 때까지 기다릴 수 없다. 이런 현실은 다음과 같은 질문으로 이어진다.

"당신이 원하는 직업을 구할 수 없거나 구하지 못했을 때, 어떤 직업에 만족해야 할까?"

모든 사람의 상황이 같을 수는 없겠지만, 최근 졸업했거나 마음에 들지 않는 직장에 다니고 있거나 실직 상태라면 답은 꽤 간단하다(적어도 내가 대학을 졸업할 때는 그렇게 생각했다). 배우는 것을 계속하는 것이다.

학교로 돌아가야 하는가? MBA를 취득해야 하나? 둘 다 아니다.

최근 대학을 졸업한 대부분 사람들은 지난 4년여 동안 학비를 내며 교육을 받았을 뿐이다. 학교를 졸업한 지금은 돈을 벌면서 배울 수 있다. 대학을 졸업한 지 오래되었다면 어떨까? 같은 논리가 적용된다. 이제 돈을 벌면서 배워야 할 때이다.

내가 인디애나 대학교를 졸업할 때만 해도 은행에서 일

하는 것은 꿈에도 생각하지 못했다. 나는 컴퓨터에 대해 더 많이 배울 수 있는 직장을 원했다. 그래서 피츠버그에 있는 멜론 은행에 취직했다. 나는 시스템 전환 작업을 도왔다. 소규모 은행의 오래된 수동 시스템을 가져와 자동화 시스템으로 전환하는 일이었다. 나는 그 일에 그다지 능숙하지 못했지만 재미있는 사람들과 함께 일했기 때문에 처음 몇 달 동안은 즐겁게 일했다. 퇴근 후 함께 어울려 술을 마시는 것을 좋아하는 재미있는 사람들이 많았다.

하지만 몇 달이 지나면서 점점 더 그 일이 마음에 들지 않았고, 내가 왜 그곳에 있어야 하는지 스스로 거듭 상기시켜야 했다. 나는 컴퓨터가 어떻게 작동하는지, 대기업이 어떻게 운영되는지, 중간 관리자가 어떻게 일하는지, 돈을 벌면서 배우고 있었는데, 비즈니스 교육을 받기 위해 등록금

을 내는 것보다 훨씬 더 좋은 일이었다.

나는 그 직장에서 9개월을 버텼다. 다음 직장은 '트로닉스 2000(Tronics 2000)'이라는 회사에서 8개월 정도 일했다. 트로닉스 2000에서 우리가 맡은 업무는 TV 수리 산업을 프랜차이즈 화하는 것이었다. 이 회사는 기업가 정신이 강한 회사였다. 컴퓨터 수리 사업도 프랜차이즈화하는 방안을 검토하고 있었다(회사에서는 내게 쉬는 시간에 기회 분석 보고서를 작성하라고 지시했다). 나중에는 회사가 그 어떤 것도 해당하지 않는 것이 드러났지만 한 달에 1,500달러를 받으며 많은 것을 배웠다.

회사는 오직 하나의 프랜차이즈를 판매했다. 내가 판 것이다. 다시 말하지만 나는 훌륭한 직원과는 거리가 멀었다. 최선을 다해 일하는 대신 재미있게 노는 데 너무 많은 시간을 보냈다. 일주일에 한 번씩 숙취에 시달리며 출근하는 것은 경력에 도움이 되지 않는다. 어떤 면에서는 태만하게 근무한 셈이다. 내 입장에서는 변명의 여지가 없다.

업무도 답답했다. TV 수리점에 전화하고 또 전화해서 프랜차이즈의 가치를 설명하는 일은 쉽지 않았다. 하지만 전화 영업(cold-call)을 하는 법을 배웠다. 전화번호부를 뒤

져 전화를 거는 것을 두려워하지 않는 법을 배운 것이다.

또한 업계 베테랑인 래리 메노(Larry Menaugh)와 이야기를 나눌 수 있었다. 래리는 TV 업계에서 최초로 서비스 계약서를 작성했다. 그는 현명하고 노련한 베테랑이었다. 회사나 업계에 대해 많은 이야기를 나누지는 않았지만 회의가 끝나면 어떻게 하면 일을 잘 해낼 수 있을지에 대해 이야기하곤 했다. 래리는 내가 하는 일에 대해 솔직한 비평을 해주곤 했는데, 래리의 말을 들으면 그 비평이 옳다는 것을 알 수 있었다. 그 시절로 돌아가서 그에게 고맙다는 인사를 전하고 싶다. 몇 년 전에 그를 찾아보려고 했지만 찾을 수가 없었다. 래리, 이 글을 읽는다면, 당신에게 감사 인사를 하고 싶다.

앞서 말했듯이 나는 그 직장에서 9개월 정도 근무한 후, 재미와 뜨거운 햇살, 돈과 여자를 찾아 텍사스주 댈러스 시로 떠났다.

나는 23살이었고 돈이 없었다. 내가 운전하던 77년형 피아트는 기름을 맥주를 마시는 속도보다 더 빨리 먹었고 바닥에 큰 구멍이 났다. 나는 인디애나 대학교를 졸업한 후 댈러스에 있는 '더 빌리지(The Village)'라는 큰 아파트 단

지로 이사 온 친구들의 방에서 지내려고 했다.

나는 미래가 어떻게 될지 전혀 몰랐다. 나는 실직 상태였고 아무런 취업 계획 없이 댈러스로 향하고 있었다. 하지만 나는 학교에서 수업료를 내며 강의를 듣는 대신 직장에서 돈을 받고 일하면서 배운 경험이 있었고, 일이 잘 풀릴 때까지 계속 같은 일을 할 생각이었다. 댈러스에 도착했을 때 나는 내 친구 그렉 시퍼(Greg Schipper)가 알려준 주소로 차를 몰고 갔다. 그는 내가 이사를 올 거라고는 생각하지 않았던 것 같다. 내가 살 곳은 많지 않았다. 사실 그 친구는 내가 아는 유일한 사람이었기 때문에 그의 집에 묵는 것이 유일한 선택이었다.

시피(Shippy, 그렉 시퍼의 애칭)는 댈러스에 있는 방 3개짜리 아파트에 다른 친구 4명과 함께 살았다. 나는 6번째 룸메이트가 되었다. 이 집은 우리 모두가 이사하길 원하는 좋은 집은 아니었다. 그 후로 이 집은 철거되었는 데 아마도 열악한 상태 때문에 도저히 살기 힘들었을 것이다. 내 침실도 없었다. 나는 집에 도착하는 시간에 따라 소파나 바닥에서 잤다. 옷장도 없었다. 대신 모두가 내 것이라고 알고 있는 쌓인 옷더미가 있었다. 내 차인 77년식 피아트

X1/9는 여전히 바닥에 구멍이 뚫려 있었고 매주 감당할 수 없는 양의 기름을 계속 먹어 치웠다.

설상가상으로 나는 해피아워(happy hour)[1] 음식으로 끼니를 해결했다. 맥주 2잔을 사면 공짜 안주를 제공하는 술집은 내가 가장 좋아하는 야간 레스토랑이었다. 가격은 저렴했지만 칼로리는 엄청나게 높았다. 뷔페에서 뚱뚱한 아이에 대한 농담을 들어 본 적이 있는가? 그게 바로 나였다. 아마도 1년 사이에 살이 30파운드(약 13.6kg) 쪘을 것이다.

내 자신감이 최고조에 달하지는 않았지만 나는 재미있는 시간을 보내고 있었다. 오해하지 마라. 정말 즐거웠다. 좋은 친구들, 멋진 도시, 활기찬 에너지, 예쁜 여자들. 물론 당시 예쁜 여자들은 내 뚱뚱하고 커져가는 몸뚱이에는 관심이 없었지만 그건 별개의 이야기이다.

나는 내가 좋아하는 일을 하려는 의욕은 있었지만, 그게 무엇인지 정확히 알지 못했다. 나는 다양한 직업 아이디어를 나열하며 리스트를 만들었다(지금도 그 리스트를 가지

1 음식점이나 술집에서 맥주, 와인, 칵테일 등 주류를 할인하는 시간대를 말한다.

고 있다). 그러나 문제는 내 자신이 그 많은 직업이 요구하는 지원 자격에 미달이라는 것이었다. 그런데도 어떻게든 생계를 유지해야 했기 때문에 결국 클럽에서 바텐더로 일을 시작하게 되었다. 처음에는 좋았지만 바텐더 일이 경력이 되지는 못했고, 낮에도 계속해서 새로운 일자리를 찾아야 했다.

약 일주일 뒤, 나는 댈러스의 첫 번째 소프트웨어 소매점에서 PC 소프트웨어를 판매할 사람을 찾는 신문 구인 광고에 응했다. 사실, 그 광고는 취업 에이전시에서 제공한 것이었다. 소개 수수료는 회사에서 부담하기로 되어 있어서 나는 지원하기로 결심했다.

내가 진지한 표정으로 면접을 준비하며 입은 면접용 정장은 수중에 있는 모든 돈 99달러에 긁어모아 구입한 폴리에스터 정장 두 벌 중 하나였다. 지역 남성복 매장에서 정장 한 벌 가격으로 두 벌을 살 수 있었던 것은 정말 다행이었다. 회색과 파란색이 섞인 줄무늬 정장은 비가 와도 빗방울이 슈트 뒷면으로 굴러떨어졌기 때문에 문제가 되지 않았다. 정장이 구겨져도 금방 펴지는 폴리에스터 원단은 정말 신기한 소재였다.

파란색 정장과 나의 면접 역량 덕분에 소프트웨어 매장과의 면접을 주선한 취업 에이전시에 깊은 인상을 남겼다고 말하고 싶다. 사실, 그 일자리에 지원한 사람이 많지 않았고, 인터뷰를 주선한 취업 에이전시는 수수료를 받아야 했기 때문에 아무나 면접에 보냈을 것이다. 하지만 그런 사실은 나에게는 중요하지 않았다.

나는 '유어 비즈니스 소프트웨어(Your Business Software)'라는 회사와의 면접을 위해 회색 정장을 꺼내 입었다. 이는 정말 흥분되는 순간이었다. 내가 작성한 리스트에 포함된 직업 중 하나인 컴퓨터 업계로 진출할 기회였기 때문이다!

나는 그 면접을 지금도 아주 잘 기억한다. 사장이었던 마이클 휴메키(Michael Humecki)와 그의 파트너였던 더그 (Doug, 성은 기억나지 않는다)가 면접을 진행했다. 대부분 대화는 마이클이 주로 이끌었다. 그는 내게 PC 소프트웨어를 사용해 본 적이 있는지 물었다. 당시 나는 지금은 정말 오래된 79달러짜리 TI-99/4A[2]를 사용해 본 경험이

2 미국 반도체 회사인 텍사스 인스트루먼트(Texas Instruments) 사에서 1981년에 출시한 가정용 컴퓨터

전부였다. 나는 베이직(BASIC)[3]을 배우기 위해 TI-99/4A를 사용했었다. 내가 숙취에서 회복하거나, 룸메이트들이 출근해 있는 동안 바닥에서 잠을 자는 시간을 제외하고 말이다. 마이크와 더그는 내게 좋은 인상을 받지 못한 것 같았다.

나는 내가 아는 모든 면접 요령을 동원했다. "저는 고객을 소중히 여깁니다", "정말 열심히 일할 것을 약속합니다", "성공을 위해 무엇이든 할 거예요."와 같은 흔한 구호를 사용하여 내가 얼마나 뛰어난 영업사원인지 설명했다. (면접에서 기본적으로 일자리를 구하는 상황이다) 하지만 "만약 아무도 지원하지 않는다면 기대해 볼 수 있어." 라는 표정을 마이클에게서 읽었다.

마침내 더그가 입을 열었다. "고객이 소프트웨어 패키지에 대해 질문했는데 답을 모른다면 어떻게 하나요?"라고 물었다. 가능한 모든 대답이 내 머릿속을 스쳐 지나갔다. 나는 이 질문이 '정직성 테스트 질문', 즉 내가 모르는 것을 인정할 수 있는지 확인하려는 질문인지 스스로 물어봐야

---

3 1970년대 후반과 1980년대에 주로 사용된 컴퓨터 프로그래밍 언어

했다. 아니면 나만 빼고 모두가 알고 있고 정답이 있는 까다로운 질문일 수도 있다고 생각했다. 한참을 고민한 끝에 나는 "고객을 위한 답을 매뉴얼에서 찾아보겠습니다."라고 말했다. 딩동! 더그는 이 대답을 정말로 좋아했다.

마이클은 그다지 확신을 갖지 못했지만 내가 정말 듣고 싶었던 질문을 던졌다.

"우리가 당신을 고용할 테니 수수료를 낼 필요가 없도록 취업 에이전시에 다시 가지 않는 건 어때요?"

나는 그 제안을 즉시 수락했다.

그렇게 댈러스에서의 내 커리어가 시작되었다. 나는 댈러스에 있는 '유어 비즈니스 소프트웨어'의 소프트웨어 영업사원이 되었다. 연봉은 18,000달러였다. 유어 비즈니스 소프트웨어는 최초의 소프트웨어 리테일 스토어였다.

나는 바닥을 청소하고 매장을 오픈해야 했지만 그것은 그리 나쁜 일은 아니었다. 나중에 내 여자 친구에게는 소프트웨어 판매와 컴퓨터 사업을 하고 있다고 말하겠지만 바닥 청소에 대한 이야기는 하지 않았다. 게다가 일할 때는 정장을 입어야 했고, 퇴근 후 해피아워에는 한 벌 가격으로 구입한 두 벌의 정장이 잘 어울렸다. 적어도 맥주를 몇 잔

마시고 나면 그럭저럭 괜찮아 보였다. 가장 좋았던 점은 매장이 아침 9시 30분까지 문을 열지 않았기 때문에 전날 밤을 즐겁게 보낸 후에도 조금은 잠을 잘 수 있는 시간이 있었다는 것이다.

지금쯤이면 여러분은 분명 내가 어디에 집중했는지 의문을 품고 있을 것이다. “미래 댈러스 매버릭스의 구단주가 되겠다는 나의 다짐은 어디로 갔을까?”

당시 나는 좋은 직업을 얻고, 커리어로 발전할 수 있는 업계에 일하게 된 사실에 행복했다. 23살이던 나는 최고의 해피아워가 열리는 곳과 가까운 회사 사무실에서 일하고 드디어 하룻밤에 20달러 이상을 쓸 수 있게 되었다는 사실에 들떠 있었다.

파티 이야기가 나왔으니 말인데, 나와 내 친구들은 그 분야에서 매우 효율적이었다고 말해야겠다. 술집 음식과 해피아워로 생활하는 것 외에 주말 밤 외출을 위해 20달러 이상을 가져가지 않기로 합의했다. 그렇게 하면 서로에게 도움이 되니까 말이다. 저렴한 비용으로 즐거운 밤을 보낼 수 있는 비결을 알아내기 전까지는 최소한 그렇게 해야 했다. 그 비결은 저렴한 샴페인 한 병을 사는 것이었고, 프레

시넷(Freixenet) 샴페인[4] 한 병은 12달러였다. (구매 리스트를 작성하는 분들을 위해 지금 바로 온라인에서 10달러 미만에 구입할 수 있다!)

병의 라벨을 떼어내면 누구나 돔 페리뇽(Dom Perignon)[5]이라는 것을 알 수 있었다. 우리는 각자 한 잔씩 들고 밤새도록 마시곤 했다. 맥주나 칵테일을 반복해서 사는 것보다 훨씬 저렴했다. 여자들에게 술을 사줄 필요도 없이 샴페인만 주면 되니까 말이다. 물론 다음 날은 지옥이었지만 언제부터 내가 숙취에 신경을 썼는가?

파티 이야기는 주제를 벗어난 것 같으니 본론으로 돌아가자. 나는 이 일에 대한 열정이 가득한 만큼 두려움도 컸다. 왜 그랬을까? 내 인생에서 한 번도 IBM PC로 작업해 본 적이 한 번도 없었기 때문이다. 나는 IBM PC를 단 한 번도 사용해 본 적이 없는데, 이제 그 PC를 위한 소프트웨어를 판매해야 한다는 것이다. 그래서 어떻게 해야 할까? 모두가 하는 것처럼 합리화를 했다. 매장 문을 열고 들어오

4 스파클링 와인으로 유명한 저가 샴페인 브랜드

5 프랑스 LVMH(루이비통, 모엣 샹동, 헤네시) 그룹의 고급 샴페인 브랜드

는 사람들도 나만큼 아는 게 없으니, 상사인 더그와 마이클에게 말한 대로 매뉴얼을 읽는 것부터 시작하면 앞서 나갈 수 있을 거라고 나 자신에게 말했다.

그래서 나는 그렇게 했다. 매일 밤 다른 소프트웨어 매뉴얼을 집으로 가져가서 읽었다. 물론 재미있게 읽었다. 피치트리 어카운팅(Peachtree Accounting), 워드스타(Word-star), 하버드 그래픽스(Harvard Graphics), PFS, dBASE, 로터스, Accpac 등 책을 내려놓을 수가 없었다. 매일 밤 귀가 후 아무리 늦은 시간이라도 몇 권씩 읽곤 했다.

주말에는 훨씬 더 쉬웠다. 싸구려 샴페인을 마시고 나면 밤 9시쯤 되어서야 침대에서 일어났기 때문에 바닥에 누워서 책을 읽을 시간이 충분했다. 효과가 있었다. 'RTFM(Read The Frickin' Manual, 망할 매뉴얼 읽기)'에 신경 쓰는 사람이 많지 않았기 때문에 사람들은 내가 다루는 내용을 잘 안다고 생각하기 시작했다. 매장에 더 많은 사람이 방문하면서 나는 우리가 제공하는 다양한 소프트웨어 패키지를 모두 이해하고 있었기 때문에 솔직한 비교 의견을 고객들에게 제공할 수 있었고, 고객들도 이를 존중해 주었다.

약 6개월 만에 나는 많은 고객들을 확보했고 매장 컴퓨터에서 소프트웨어 설치, 구성 및 실행 방법을 배우는 데 시간을 투자했기 때문에 고객으로부터 사무실에 소프트웨어를 설치해 달라는 요청을 받기 시작했다. 이는 컨설팅 지원 수수료를 청구해야 했음을 의미했다. 나는 시간당 25달러의 수수료를 매장과 나누었다. 그 결과 한 달에 수백 달러의 추가 수입이 생겼고 이 금액은 점점 늘어났다. 그렇게 돈을 모으다 보니 여섯 식구가 살던 힐 호텔(당시 우리 아파트의 이름)에서 길 건너편에 있는 침실 3개짜리 아파트로 이사할 수 있을 만큼 충분한 돈이 모였고, 여섯 식구가 아닌 세 식구가 살게 되었다. 드디어 내 침실이 생겼다! 더욱 특별한 기념을 위해 내 친구 마이크 오치스타인(Mike Och-stein)이 쓰던 물침대를 구입했다. 이해해라. 당시는 80년대였다.

나는 컨설팅 수수료를 받고 있었다. 고객들로부터 추천을 받고 있었고 새로운 사업을 제안하기 위해 회사들에 전화 영업을 하고 있었다. 심지어는 소개비를 지급하는 현지 컨설턴트와 거래를 성사시켜 1,500달러의 수표를 받기도 했다. 성인으로서 내 이름으로 1,000달러가 넘는 돈을 받은 것은 그때가 처음이었다.

특별한 순간이었는데, 내가 축하하기 위해 무엇을 했을까? 놀랍게도… 더 좋은 샴페인을 사지 않았다. 구멍이 뚫린 낡은 수건들이 구석에 자리 잡고 있었는데 너무 더러웠던 나머지, 샤워 후 몸을 닦아야 할 수건이 필요했기 때문에 밖에 나가서 찾을 수 있는 가장 푹신하고 보송보송한 수건 6장을 샀다.

나는 세상에서 성공을 향해 앞으로 나아가고 있었다. 새 수건이 생겼고 내 인생은 나아졌다. 사업 또한 잘 풀리며 점점 나아지고 있었다. 나는 고객 기반을 구축하고 모든 컴퓨터 프로그램을 깊이 이해하고 소프트웨어 전문가로서의 역할을 자리매김하기 시작했다. 무엇보다도 중요한 것은 내가 PC와 컴퓨터 프로그램을 다루는 일을 즐기고 있다는 사실을 깨달았다는 것이다. 처음에 컴퓨터 분야의 일을 시작할 때 경험이 없었기 때문에, 이 일이 내게 맞는 일인지, 내가 즐길만한 일인지 확신하지 못했다. 그런데도 이 일을 시작한 것은 정말로 행운이었다. 나는 내가 하는 일을 진심으로 좋아하게 되었고 일에 능숙해지고 즐기게 된 나머지 주중에는 파티도 줄였다.

영업사원 겸 컨설턴트로 일한 지 약 9개월이 지난 어느 날 아침 9시에, 한 잠재 고객이 거래를 성사시키기 위해 사무실로 와도 되느냐고 물어왔다. 나는 그 제안에 아무런 문제가 없었지만 내 상사인 마이클 휴메키에게는 문제였다. 마이클은 내가 가는 것을 원하지 않았다. 나는 매장을 열어야 했고 그게 내 일이었다. 우리는 외판 업체가 아니라 소매점이었다. 그 당시에는 어리석게 들렸는데 전에도 낮에 영업 전화를 하고 고객을 만나러 간 적이 여러 번 있었기 때문이다. 마이클은 내가 점심을 먹고 있다고 생각했던 것 같다.

결정의 순간이 찾아왔다. 종종 우리 삶에서 가장 큰 영향을 미치는 것은 작은 결정이다. 우리 모두는 지시를 따르거나 자신이 옳다고 생각하는 일을 하기 위해 '성패를 가르는' 결정을 내려야 한다. 나는 첫 번째 본능을 따라 판매를 성사시켰다. 지금 생각해보면 다른 날짜에 약속을 다시 잡을 수도 있었지만 이미 성사된 거래는 뒤집을 수 없다고 스스로 합리화했다. 그래서 내 동료 중 한 명인 바바라 디퓨(Barbara Depew)에게 전화를 걸어 아침에 매장을 열어 달라고 부탁하고 고객 사무실로 가서 거래를 성사시켰다.

다음 날 나는 웃는 얼굴로 새 고객이 보낸 수표를 들고 유어 비즈니스 소프트웨어 매장에 들어갔는데, 마이클이 나를 해고했다.

해고는 처음은 아니었지만 이번 해고는 내가 형편없는 직원이라는 사실을 다시 한번 확인시켜 주었다. 나는 현실을 직시하고 앞으로 나아가야만 했다. '대체 어떻게 하면 일자리를 찾을 수 있을까?'라는 고민으로 돌아가는 대신, 내가 유일하게 할 수 있는 올바른 일은 내 회사를 창업하는 것이었다.

내 첫 번째 사업은 무엇이었을까? 나는 내 절친한 친구이자 전 룸메이트였던 그렉 쉬퍼(Greg Schipper)의 1982년형 셀리카(Celica, 별명: 셀리)[6]에 올라타 갤버스턴(Galveston)[7]으로 차를 몰고 파티를 하러 갔다. 우리는 벽에 헤어 드라이어 코드를 꽂으면 모텔 전체가 정전이 되는 19.95달러짜리 '최고급' 모텔에 묵었다. 나는 다시 기업가로서의 여정을 시작할 준비를 하면서 모든 일이 잘되기

6 1970년부터 2006년까지 생산된 토요타의 스포츠 쿠페
7 텍사스주 동남부 해안, 갤버스턴 섬에 위치한 도시

를 바랄 뿐이었다. 친구들이 술에 취해 멍청한 관광객이 하는 추태를 부리고 기름진 음식을 먹는 동안 나는 수영장 옆에 녹이 슬어 있는 선탠용 의자에 앉아 사업 계획서를 작성하고 있었다고 말하고 싶다. 하지만 그것은 사실이 아니다. 나도 친구들처럼 술에 취했고 역겨운 음식을 먹었다. 그런 다음 모두가 존재한다는 것을 알고 있지만 인정하기를 거부하는 로드 트립(road-trip)[8]의 공포, 즉 집으로 돌아가야 하는 현실에 직면했다. 나는 아파트에 도착해서 차를 세우고 나서야 현실을 깨달았다. 직업도 없고. 돈도 없고. 청구서를 지불할 방법도 없었다. 하지만 근사한 타월은 있었다.

다행히 숙취가 너무 오래 계속되진 않았고, 나는 일어나서 무슨 일이라도 해야 한다는 것을 깨달았다. 첫날에 한 나의 첫 번째 과제는 회사의 이름을 짓는 것이었다. 회사가 무슨 일을 하는지 잘 표현할 수 있는 이름이 필요했고, 당시 마이크로컴퓨터 혁명이 시작되던 시기였기 때문에 개인용 컴퓨터와 소프트웨어를 판매하고 개인과 기업이 이를 설치하는 것을 돕는 것이 내가 창업할 회사의 일이었다.

8 본문에서 로드 트립은 장거리 운전을 말한다.

나는 마이크로컴퓨터에 대한 해결책을 제공하려고 했다. 그래서 약 30분 동안 여러 가지 이름을 놓고 고민한 끝에 '마이크로솔루션즈 (Micro Solutions, Inc.)' 라는 이름을 선택했다.

이제 어려운 일이 시작되었다. 나는 예전 회사에서 거래했던 모든 사람에게 전화를 걸어 내가 전 직장으로부터 버림받았다는 사실을 알렸고 이제 내가 마이크로솔루션즈사를 창업했으니 나와 직접 거래할 의향이 있는지 물어봐야 했다. 나는 예상했던 질문들을 받았다.

"아뇨, 사무실은 없어요.", "아뇨, (집 전화 외에는) 아직 전화기가 없어요.", "맞아요, 저 혼자예요.", "아뇨, 투자자는 없어요."

내가 두려웠던 유일한 질문은 작업할 컴퓨터가 있느냐는 것이었고 나에겐 컴퓨터도 없었다. 다행히도 아무도 내가 컴퓨터가 있는지 묻지 않았다.

나는 많은 전화를 걸었고 괜찮은 답변을 받았다. "마크,

우리는 당신을 좋아해요, 기회를 주고 싶군요.", "계속 연락합시다."라는 반응도 많았다. 나는 제대로 된 두 가지 제안을 받았다. 하나는 '아키텍처럴 라이팅(Architectural Lighting)'이라는 회사에서, 다른 하나는 하이텍 데이터 시스템즈(Hytec Data Systems)라는 회사에서 연락이 왔다.

아키텍처럴 라이팅은 고객과의 작업을 추적할 수 있는 '타임 앤 빌링(Time and Billing)' [9] 회계 시스템을 찾고 있었다. 내가 소개한 소프트웨어 패키지의 이름은 기억나지 않지만(Peachtree Accounting이었던 것 같다), 그들을 만나러 간 후의 결과는 다음과 같았다. 나는 소프트웨어가 제대로 작동하지 않으면 100% 환불해주고, 설치 및 지원에 소요된 내 시간도 청구하지 않겠다고 제안했다. 그 대가로 그들은 500달러의 돈을 지원을 하여 내가 소프트웨어 배급사로부터 소프트웨어를 구입할 수 있게 해 주었고 나는 이를 참고용으로 사용할 수 있었다. 이것이 바로 내가 '돈 한 푼 들이지 않고' 사업을 시작하는 방식이었다. 그들은 나의 제

9 회사가 다양한 활동에 소요된 시간을 추적하고 고객 또는 업무와 관련된 회사 리소스의 내부 사용을 기록할 수 있고 기록된 시간과 비용은 나중에 고객에게 송장을 보내 청구할 수 있는 시스템이다.

안에 응했고 그렇게 나는 사업을 시작했다.

두 번째 전화는 마틴 우달(Martin Woodall)[10]이 운영하는 하이텍 데이터(Hytec Data) 사에 걸었다. 6월의 화창한 어느 날 'S&D 오이스터 하우스'라는 해산물 레스토랑에서 마틴을 만났고 그는 내게 말했다.

"나는 웨스트 버지니아 대학교(West Virginia University)[11]에서 컴퓨터 공학을 전공했어. 은행에 50,000달러가 있고 새 캐딜락을 운전하지. 나는 자네보다 컴퓨터에 대해 더 많이 알고 있어. 우리가 함께 일할 수 있을 거 같아."

나는 한 명의 고객이 있었고 마틴의 도움으로 약간의 희망이 생겼다. 하이텍 데이터 사는 멀티 유저 시스템(Multi-user System)[12]을 판매했는 데 '덤 터미널'(Dumb Terminal)[13]을 사용하는 구식 시스템이었다. 마틴은 회계 소프트웨어와 함께 번들로 제공했고, 케빈이라는 계약직 직원과 함께 '코볼(COBOL)'이라는 프로그래밍 언어가 사

---

10 마이크로솔루션즈와 브로드캐스트 닷컴의 공동창업자. 현재 아스트로 로보틱스(AstroRobotics)라는 군용 로봇 회사의 창업자 겸 사장이다.

11 미국 웨스트버지니아주 모던타운에 위치한 주립대학교

12 여러 사람이 동시에 사용할 수 있는 시스템

13 기본적인 처리 장치만 갖추고 기능이 거의 없는 단말기를 말한다.

용된 소스 코드를 수정했다. 두 사람 모두 내가 필요할 때 도움을 줄 수 있는 컴퓨터에 미친 덕후들이었다. 나는 PC를 처음 접한 지 10개월밖에 되지 않았고 멀티 유저 시스템에 대해 전혀 몰랐다. 만약 내가 그들의 시스템과 소프트웨어를 사용할 수 있는 잠재 고객을 발견하면 나는 컴퓨터 전문가들인 마틴과 케빈으로부터 추천을 받곤 했다. 정말 좋았다.

더 좋은 점은 마틴이 사무실 공간을 제공했다는 것이다. 마틴과 케빈은 마틴이 판매한 컴퓨터 시스템의 유통업체와 사무실 공간을 같이 사용했다. 유통업체 CEO의 아들이 스페인어 공부를 위해 사용할 때를 제외하고 전화를 걸고 폴더와 서류를 보관하는 데 사무실을 사용할 수 있었다. 여전히 컴퓨터가 없었지만 사무실과 전화기는 있었다. 나는 진정한 사업가였다고 말하고 싶다.

언젠가 다시 돌아가서 그때 보관했던 예약 장부를 보면서 내 두 번째, 세 번째 고객이 누구였는지 기억을 더듬어야 할 것 같다. 그들은 내가 아주 잘 알게 된 소규모 업체 관계자들이었다. 그들은 나를 믿고 보살펴 준 사람들이었는데 내가 컴퓨터를 가장 잘 다루기 때문이 아니라 일을 완수하기 위해 무엇이든 할 수 있다는 것을 알았기 때문이다. 사람들은 내게 사무실 열쇠를 맡겼다. 아침에 출근할 때면 내가 사무실에 있었고 퇴근할 때도 그곳에 있었다. 첫해에 나는 15,000달러를 벌었다. 매 순간이 너무 좋았다. 시간이 지날수록 내 고객층이 넓어졌다. 나는 내 친구이자 전 룸메이트였던 스캇 수센스(Scott Susens)에게 컴퓨터와 프린터 배달을 도와달라고 부탁했다. 당시 스캇은 스테이크 전문점에서 웨이터로 있었는데 그에게 내 사업을 도와줄 수 있는지 몇 번이고 물어봤던 기억이 난다. 나에게 엡손(EPSON) 사[14]의 도트 매트릭스 프린터(Dot Matrix Printer)[15]를 여러 대 구입한 고객이 있었는데, 나는 스캇에게 병렬 케이블을 PC와 프린터에 연결하는 방법을 배우는 것이 어렵지 않고, 이 모든 것을 배우는 것이 스테이크 전문점에서 일하는 것보다 경력에 도움이 될 것이라고 설득했다.

안타깝게도 스캇에게 스테이크 전문점만큼의 돈을 지

14 1942년 일본에서 설립된 프린터와 사무용 전자 기기 제조회사

15 탄소 리본에 충격을 가하는 방법으로 글자를 인쇄하는 충격식 프린터(Impact Printer)를 말하며 '도트 프린터'라고도 부른다. 사무용으로는 더 이상 쓰지 않지만, 현재도 신용 카드 계산서 인쇄 등에 일부 사용된다.

불할 수는 없었다. 하지만 운좋게도 스캇은 야간과 주말에 일했고 오후에 시간을 내서 나를 도와주기로 했다. 얼마 지나지 않아 그는 풀타임으로 PC를 설치하는 일을 하면서 설치 전에 필요한 모든 것을 배웠다. 시간이 좀 걸렸지만 결국 그는 스테이크 전문점에서 벌었던 것보다 더 많은 돈을 벌게 되었다. 그 후 스캇은 나와 마이크로솔루션즈에서 함께 일했을 뿐만 아니라 '오디오넷/브로캐스트 닷컴(AudioNet/Broadcast.com)'에서도 나를 위해 일하게 되었다.

마틴의 역할도 점점 더 커지기 시작했다. 그의 회사는 성장하고 있었고, 그는 나의 회사가 성장하는 것을 지켜보고 있었다. 나는 PC 기반 업무를 맡고 그는 회계 시스템 업무를 맡았다. 좋은 역할 분담이었다. 우리 관계에서 가장 좋았던 부분은 마틴이 내 인생에서 만난 사람 중 가장 꼼꼼한 사람이었다는 것이다. 내가 실수를 만회하기 위해 문제해결에 시간과 에너지를 쏟는 반면, 마틴은 정말 세세한 부분까지 신경을 써서 문제가 생기지 않도록 완벽을 기해야 했다. 우리는 서로를 미치게 만들기도 했다. 마틴은 내가 엉성하다고 정말 많은 잔소리를 퍼부었다. 나는 그가 지나치게 꼼꼼한 나머지 엄청난 기회를 놓치고 있다고 지지 않고 반격했다. 우리는 서로를 완벽하게 보완해줬다. 우리가 따로 일하는 것보다 파트너로서 함께 일해야 한다는 것을 깨닫는 것은 시간 문제였다.

사업 첫해는 정말 대단했다. 나는 밤 10시까지 조그만 사무실에 앉아있으면서도 지칠 줄 몰랐고 내가 다니던 헬스장에 가서 러닝머신 위에서 5~10마일을 뛰면서 머릿속으로 그날 하루를 되풀이하고 그 다음 날을 구상하던 게 기억난다. 어떤 날은 새로운 소프트웨어를 배우는 데 너무 몰두한 나머지 식사도 잊고 저녁 6시나 7 시인 줄 알고 시계를 보다가 실제로는 새벽 1시나 2시라는 것을 깨닫기도 했다. 시간 가는 줄 몰랐다.

아직도 이런 일들이 기억이 나는게 정말 신기하다. 매출채권이 15,000 달러에 이르렀을 때 모든 친구들에게 자랑했던 기억이 난다. PC-DOS 매뉴얼을 읽고(정말 그 매뉴얼을 모두 읽었다) 고객을 위해 시작 메뉴를 설정하는 방법을 알아낸 것에 대해 자부심을 느꼈던 기억이 난다. 지금은 사라진 BusinessLand, NYNEX, ComputerLand, CompuShop 등 시내의 모든 컴퓨터 소매점을 찾아다니며 모든 영업사원에게 나를 소개하며 잠재 고객을 확보하려고 노력했던 기억이 난다. 그리고 중소기업과 거래하는 모든 대형 컴퓨터 회사에 전화를 걸었다. IBM, Wang, Dec, Xerox, Data General, Hewlett Packard, DataPoint(여러분은 이 회사도 아는지 모르겠다) 등 말이다. 점심을 사줄 형편이 안 되니 미팅 일정을 잡고 사무실로 와달라고 요청하곤 했다. 많은 고객이 필요하지는 않았지만 사업은 계속해서 규모가 커지고 있었다. 사업이 급속도로 팽창하진 않았지만 마이크로솔루션즈 사가 사업을 시작한 지 2년 정도 되었을 때 은행 계좌에 85,000 달러가 있을 정도로 충분히 성장했다. 또한 회사에 안내원 겸 비서가 있었고, 스캇이 나를 도와주고 있었으며, 마틴과 하이텍 데이터 시스템즈 사와 함께 방 4개짜리 사무실로 이사했다.

그때 나는 매우 귀중한 교훈을 얻었다. 마틴은 회계 소프트웨어와 시스템을 훌륭하게 구축해 주었다. 나는 매월 손익 계산서를 받았다. 매주 들어오는 모든 항목과 나가는 모든 항목, 미지급금(매입채무)과 미수금(매출채권)에 대한 일지를 받았다. 회사에 매우 보수적인 프로세스가 있었는데 마틴이 미지급금을 확인하고 승인한 다음 소프트웨어를 사용하여 수표를 발행했다. 그런 다음 내가 리스트를 검토

하고 수표에 서명하면 비서 겸 안내원인 르네에게 수표를 봉투에 넣어 공급업체에 우편으로 보내도록 했다.

어느 날 마틴이 우리 계좌가 있는 리퍼블릭 은행(Republic Bank)에서 돌아왔다. 그는 방금 은행의 드라이브 스루를 통과했는데, 매일 예금을 맡길 때 보던 창구 직원 중 한 명이 그에게 잠시 기다려 달라고 말했다. 그녀는 다시 돌아와서 수취인란에 공급업체의 이름이 지워져 있고 그 위에 우리 비서 이름인 '르네 하디(Renee Hardy)'가 적힌 수표를 보여주었다. 알고 보니 며칠 사이에 비서인 르네 하디가 은행에 있는 85,000 달러 중 83,000 달러에 대해서도 같은 수법을 사용한 것이었다. 마틴이 이 소식을 전해주었을 때 나는 당연히 화가 났다. 르네 하디에게도 화가 났고, 은행에도 화가 났고, 이런 일이 일어나도록 방치한 내 자신에게도 화가 났다. 수표 사본을 들고 은행에 갔더니 은행 지점장이 사무실에서 날 비웃으며 내가 '무일푼'이 되었다고 말하면서 내가 소송을 하든 뭐든 할 수 있지만 돈은 되찾지 못할 거라 말했던 기억이 난다.

사무실로 돌아와 마틴에게 은행에서 있었던 일을 이야기하고 나서야 이 모든 일에 대해 어떻게 해야 할지 깨달았다. 나는 다시 일하러 가야 했다. 이미 엎질러진 물이었다. 복수에 대해 걱정하고, 은행에 화를 내고, '복수해서 혼내주겠다'는 생각은 본질적으로 에너지 낭비일 뿐이었다. 내가 해야 하는 일은 나 말고는 아무도 책임져 주지 않았다. 나는 다시 일터로 돌아가야 했고, 그렇게 빨리 해야 했다. 그게 바로 내가 한 일이다.

르네 하디는? 그 이후로 본 적이 없다. 그녀에 대해 보거나 들은 사람과는 이야기한 적도 없다. 그녀가 죽었는지 살았는지 모르겠다. 지금 시점에서 그녀는 사소한 기억일 뿐이다.

비즈니스에서는 자신이 하고 있는 일이 옳은 일인지 틀린 것인지 확신하기 어렵다. 안타깝게도 정답을 알았을 때는 이미 다른 경쟁자가 당신보다 앞서 그 해답을 먼저 알아내고 당신은 이미 사업을 접은 후일 것이다. 나는 큰 실수만 하지 않는다면 작은 실수는 괜찮다고 자신에게 말하곤 했다. 그리고 계속해서 새로운 아이디어를 찾았다. 손에 잡히는 모든 책과 잡지를 읽었는데 잡지는 한 권에 3달러, 책은 한 권에 약 20달러를 지불했다. 좋은 아이디어 하나가 새로운 고객 유치 또는 사업이 당면한 문제에 대한 해결책으로 이어지기도 했으며 내가 구입한 잡지와 책은 몇 배의 대가를 지불했다. 물론 내가 읽은 아이디어 중에는 좋은 것도 있었고 그렇지 않은 것도 있었다. 하지만 이 모든 책들을 읽으면서 나는 귀중한 교훈을 얻었다.

내가 읽은 모든 정보는 공개된 정보였다. 누구나 같은 책과 잡지를 구입하여 동일한 정보에 접근할 수 있었다. 그런데도 대부분 사람은 이러한 정보에 관심을 두지 않았다.

나는 고객 미팅에 참석하거나 업계 사람들과 이야기하면서 소프트웨어나 하드웨어에 대한 정보를 얻었던 기억이 난다. 유용한 기능이나 소프트웨어의 버그에 대해서 이야기했는데 내가 읽었던 내용과 같은 주제였다. 나는 "그래요, 저도 그런 내용을 읽었어요." 같은 반응을 사람들에게 기대했지만 실제로는 그렇지 않았다. 당시 사람들은 그런 정보에 대해 관심을 갖거나 관련 서적을 읽지 않았고, 지금도 마찬가지이다.

대부분 사람은 지식의 우위를 확보하기 위해 시간을 투자하지 않는다. 물론 나를 포함하여 최대한 모든 정보를 습득하기 위해 열심히 노력하는 사람들도 있었지만, 그런 사람들은 극소수에 불과했다. 특히 오늘날에는 인터넷으로 모든 정보를 쉽게 접할 수 있기 때문에 시간을 충분히 투자하면 모든 컴퓨터 사업에서 우위를 점할 수 있다고 생각한다. 물론 내 아내는 내가 거의 매일 3시간 이상 독서를 하는 것을 싫어하지만, 덕분에 나는 사업에 대해 어느 정도의 편안함과 자신감을 얻게 되었다. 마이크로솔루션즈 사에서 나는 큰 이점을 얻었다. 컴퓨터에 대한 배경 지식이 거의 없는 사람이 훨씬 더 경험이 많은 사람과 경쟁할 수 있었던 것은 그가 시간을 투자해 최대한 많은 것을 배웠기 때문이다.

사진에서 나는 프로그래밍하는 방법을 독학하고 있다. 사진 배경에 "가난은 짜증난다(Poverty Sucks)"라고 적힌 포스터를 주목해라

내가 24살의 나이에 갑작스럽게 성공할 수 있었다면

여러분도 할 수 있다!

If I could come out of nowhere

and be successful at the age of 24,

so can you!

#2 내가 얻은 교훈들

내 첫번째 사업 규칙

Part Two - Lessons Learned
My First Business Rules

나는 잡지와 책을 통해서도 사업에 대해서 배웠지만, 당시 떠오르는 테크 기업들이 무엇을 하고 있는지 지켜보면서 배웠다. 당시에는 대단하다고 생각했던 회사들이 오늘날에도 여전히 성장하고 있는 모습을 보면 흥미롭다.

'PCs Limited'라는 회사는 지금은 인터넷으로만 발행되는 주간지 'PC Week'에 매주 전면 광고를 싣곤 했다. 이 광고에는 이 회사가 판매할 PC 주변기기가 소개되곤 했다. 하드 디스크. 메모리. 플로피 디스크, 그래픽 카드. PC 부품들은 무엇이건 있었다. 이 광고가 특별했던 이유는 매주 가격이 낮아졌다는 점이다. 어떤 주에 2,000달러였던 하드 디스크가 그 다음 주에는 1,940달러였다. 내가 아는 모든 산업 중에서 처음으로 공급업체가 가격 인하를 고객에게 전가하는 것을 목격했다.

PCs Limited 광고는 주변기기의 '시장 가격(market price)'이 되었다. 나는 매주 그 광고를 찾아봤고 실제로 고객이 되었다. 나는 댈러스에 있었고 PCs Limited는 오스틴(Austin)에 있었다.

하드 디스크를 사러 차를 몰고 오스틴으로 간 게 기억이 난다. 당시에는 전혀 몰랐지만 나중에 알고 보니 그들은 주인의 기숙사 방에서 작은 사무실/창고 공간으로 이사한 것이었다. 나는 이 젊은 청년(당시 나는 현명하고 경험이 풍부한 25세였다)에게 깊은 감명을 받아 실제로 그가 하고 있는 훌륭한 일에 대해 감사하는 편지를 썼고… 지금 생각하면 부끄럽지만, 그가 지금 하고 있는 일을 계속한다면 훨씬 더 크고 훌륭한 일을 할 수 있을 것이라고 말했다.

나는 PCs Limited와 마이클 델(Michael Dell)과 계속 거래했다. 그렇다! 델 컴퓨터(Dell Computers)의 마이클 델 말이다. 그는 자신이 하던 일을 계속했다. 내 격려가 그다지 필요하지는 않았던 것 같지만, 그 이후로 나는 마이클 델이 매주 가격을 계속 낮추면서 전면 광고를 게재한 것이 PC 업계의 판도를 바꿨고, 그가 한 많은 천재적인 행보 중 첫 걸음이었다고 생각한다고 그에게 말하곤 했다.

당시 마이클 델만이 똑똑한 사람은 아니었다.

PC 업계의 연례 행사 중 하나는 라스베가스에서 열리는 '컴덱스(Comdex)'라는 컴퓨터 박람회였다. 매년 11월에 열리는 이 박람회는 내가 사무실에서 벗어나 휴식을 취할 수 있는 유일한 3일이었다. 물론 낮에는 일하느라 바빴다. 모든 신규 소프트웨어 부스를 방문했고 공급업체로부터 더 나은 가격을 받으려고 노력했다. 최고의 파티가 어디 있는지 알아내려고 노력했다. 이런 이야기를 믿을지 모르겠지만 당시 최고의 파티는 마이크로소프트(Microsoft) 사의 파티였다. 나는 마이크로소프트 제품을 판매했기 때문에 파티에 참석할 수 있었다.

어느 특별한 해에 나는 기억에 남는 밤을 보내고 있었는데 아주 매력적인 여자들을 만났다(정말 아름다웠다). 나는 그 여자들을 파티에 데려가기 위해 그녀들의 티켓을 구해줬다. 모든 것이 좋았다. 나는 파티에서 즐거운 시간을 보냈고, 그들도 즐거워했다. 그리고 그를 만났다. 폭풍처럼 몸을 흔들며 춤추는 빌 게이츠 말이다. 나는 빌 게이츠의 팬이라 그의 춤을 묘사하지는 않겠지만, 아무튼 그는 즐거운 시간을 보내고 있는 게 분명했다.

그 당시에 마이크로소프트는 상장되었고 빌 게이츠는 빌 게이츠였다. 이 업계에 종사하는 사람이라면 누구나 그를 알 것이다. 나와 함께 있던 여자들도 그 업계에 종사하고 있었다. 나는 술집에 가서 우리 모두 마실 술을 사러 갔는데 돌아와 보니 함께 있던 여자들이 없었다. 다음날 빌이 내 여자들을 데려간 것을 알게 되었다. 나중에 알게 되었지만 돈은 사람을 엄청나게 잘생기게 만든다.

빌 게이츠는 비즈니스에 대해서도 몇 가지 가르쳐 주었다. PC-DOS를 원하는 모두에게 소프트웨어 라이선스 계약을 체결하여 IBM을 죽인 것 외에도 마이크로소프트는 로터스(Lotus) 1-2-3과 워드퍼펙트(WordPerfect)를 왕좌에서 끌어내려 말 그대로 최고의 비즈니스 임을 입증했다.

당시에는 소프트웨어 가격이 비쌌다. 워드퍼펙트와 로터스 1-2-3은 모두 495달러에 판매되었고, 배급사들은 이를 자랑스럽게 생각했다. 로터스 1-2-3을 판매하려면 특별

교육을 받고 자격증을 취득해야 했다. 이 얼마나 말도 안되는 소리인가? 나는 말 그대로 이 제품에 대한 교육 과정을 이수하기 전까지는 로터스 1-2-3을 단 한 개도 판매할 수 없었다.

워드 프로세서 소프트웨어인 워드퍼펙트도 그다지 나쁘지는 않았지만 나름 특이한 점이 있었다. 한편 마이크로소프트는 외부에서 시장을 관망하고 있었다. 엑셀, 워드, 파워포인트는 모두 인기 제품 리스트에서 한참 아래쪽에 있었다.

마이크로소프트는 업계의 관행을 깨고 이 세 가지 프로그램을 하나의 제품군으로 묶어 경쟁사 제품의 업그레이드 버전으로 99달러라는 저렴한 가격에 판매하기로 결정했다. 물론 이 프로그램을 사용하려면 마이크로소프트에서 출시한 윈도우 운영체제를 사용해야 했지만, PC의 성능이 크게 향상되거나 가격이 인하될 때마다 사람들이 새 PC를 구입하던 당시에는 마이크로솔루션즈에서 번들을 판매하는 것이 당연한 일이었다. PC와 소프트웨어의 실제 가격을 훨씬 더 낮출 수 있었으니까 말이다. 우리는 그런 상황이 정말 마음에 들었다. 또한 몇 가지 중요한 교훈을 얻었다.

교훈 #1:

항상 다음과 같은 질문으로 자신에게 물어봐라. 다른 사람이 여러분의 제품이나 서비스를 어떻게 앞서 나갈 수 있을까? 어떻게 하면 경쟁자가 여러분의 비즈니스를 문을 닫게 만들 것인가? 가격인가? 서비스인가? 제품이나 서비스의 사용 편의성인가? 완벽한 제품은 존재하지 않으며 시장에 뛰어난 경쟁자가 있다면 그들은 여러분을 괴롭힐 방법을 찾아낼 것이다. 항상 자신에게 솔직하고 문제가 어디에서 발생할지 예상하는 것이 좋다.

교훈 #2:

항상 구글, 페이스북, 오라클, 마이크로소프트 등 업계에서 가장 큰 테크 기업들과 경쟁하는 것처럼 사업을 운영해라. 이들은 직접적인 경쟁자가 아닐 수도 있고 공급업체일 수도 있다. 또는 직접적인 경쟁자이자 공급업체일 수도 있다. 어떤 형태로든 여러분이 컴퓨터 비즈니스에 종사하고 있다면, 언젠가는 이들 중 한 곳과 경쟁해야 할 것이라는 점을 예상해야 한다. 나는 그들이 내 사업 영역에 들어온다면 어떻게 할 것인지 매주 내 자신에게 묻는다. 거물들과 경쟁할 준비가 되었다면 다른 누구와도 경쟁할 준비가 된 것이다.

나는 최고를 보면서 사업을 운영하는 방법을 배웠다. 그 과정에서 몇 가지를 스스로 터득했다.

#3 비즈니스 스포츠

THE SPORT OF BUSINESS

나는 농구를 하지 않고 일주일 이상 지낼 수가 없다. 공이 내 손에서 빠져나가는 느낌, 공이 네트를 통과하는 소리에는 뭔가 특별한 것이 있다. 그냥 기분이 좋다. 체육관에 그냥 서 있으면 슛을 꽤 잘 쏠 수 있다. 경기에서는? 예전과는 많이 달라졌다. 예전에는 상대가 누구든, 상대가 어떤 레벨이든 상관없이 나만의 효과적인 스핀 동작이 있었다. 팀 플레이어가 스크린 전략으로 수비수를 막아주면 생각할 필요 없이 바로 슛을 던질 수 있었다. 요즘은 머리로는 어떻게 해야 할지 알지만 몸이 나를 비웃는다. 물론 스무 살짜리 선수들과 붙어도 부끄러운 짓은 하지 않는다. 그저 스크린을 치고 오픈된 공간에서의 슛을 놓치지 않고 넣고, 나머지 게임 시간은 다른 동료 플레이어들에게 방해가 되지 않도록 길을 비켜준다.

나는 경쟁을 좋아한다. 항상 그랬다. 농구는 잘하고 못하고를 떠나서 내가 해야만 하는 일이고 아무리 나이가 들어도 항상 농구를 할 것이다.

농구는 내게 스트레스를 날려버릴 수 있는 기회를 제공하고 하는 일에 다시 집중할 수 있게 한다. 하지만 내가 아무리 농구 경기를 좋아하고, 프로 농구 경기에 참가한다고 해도 그것은 사소한 해방감일 뿐이다. 진정한 경쟁은 비즈니스 경기에서 비롯된다. 스포츠에서는 상대가 누구인지 알 수 있다. 언제 게임이 시작될 것인지, 얼마나 오래 지속될 것인지 알 수 있다. 당신이 최고의 자리에 있으면 정신적, 육체적으로 지치지만 비즈니스에서 성공하는 데 필요한 노력에 비하면 아무것도 아니다.

비즈니스는 게임으로 구분되지 않는다. 연습에 의해 규정되지 않는다. 모든 사람이 따라야 하는 정해진 규칙도 없다. 비즈니스 스포츠는 궁극적인 경쟁이다.

비즈니스 스포츠는
7일 × 30일 × 365일 × 영원한 경쟁이다.

나는 비즈니스 스포츠를 사랑한다. 나는 경쟁을 사랑하고 경쟁의 열기를 사랑한다. 시간이 흘러가는 느낌, 손에 공을 쥔 느낌, 그리고 슛을 성공하면 이긴다는 느낌 말이다. 나는 종일, 매일 그런 기분이다.

긴장을 푸는 것은 상대방을 위한 것이다. 나는 TV 앞에 앉아있어도 뭔가 배울 것이 없다고 생각하면 TV를 보지 않는다. TV에서 본 아이디어나 개념을 사업에 활용할 수 있는 경우를 제외하고 휴식을 위해 TV를 켜지 않는다.

소설을 읽으며 시간을 보낼 수도 있지만 그러지 않는다. 대신 나는 웹사이트, 신문, 잡지에서 사용할 수 있는 아이디어와 개념을 찾는 것을 선호한다.

책이나 잡지에 나온 아이디어가 돈을 벌 수 있기 때문에 나는 서점을 둘러보는 데 시간을 보낸다. 나는 수다를 떨기 위해 저녁 식사를 하러 가거나 안부를 묻기 위해 전화하지 않는다. 사업 얘기를 하고 싶지 않다면 말이다.

다른 남자들은 판타지 스포츠[1]를 한다. 하지만 나는 우위를 점하기 위해 신경을 곤두세운다.

"그게 바로 성공이다. 성공은 우위에 관한 것이다."

"That's what success is all about.

It's about the edge."

중요한 것은 당신이 누구를 아는지가 아니다. 얼마나 많은 돈을 가지고 있는지도 아니다. 아주 간단하다. 당신이 우위를 점하고 그것을 사용할 배짱이 있느냐 없느냐이다.

"**우위**란 자신이 하는 일에 너무 열중해서 24시간 내내 프로젝트에 몰두했는데도 불과 몇 시간밖에 지나지 않았다고 생각하는 것이다."

"The **edge** is getting so jazzed about what you do, you just spent 24 hours straight working on a project and you thought only a couple of hours had passed."

1 가상의 팀을 꾸려 스포츠 경기를 치르는 온라인 게임.

"**우위**란 회의가 있을 때 회의실에서 가장 똑똑한 사람이 되어야 한다는 것을 깨닫는 것이며, 이를 위해 배워야 할 것이 있다면 무엇이든 배우기 위해 노력하는 것이다."

"**The edge** is knowing that you have to be the smartest guy in the room when you have your meeting and you are going to put in the effort to learn whatever you need to learn to get there."

"**우위**란 지난 몇 년 동안 사귀었던 네 명의 여자 친구에게 여자 친구와 회사 중 어느 것이 더 중요하냐고 물었을 때 정답을 말할 수 있다는 것이다."

"**The edge** is knowing that when the four girlfriends you have had in the last couple years asked you which was more important, them or your business, you gave the right answer."

"**우위**란 실패하고 그로부터 배울 수 있고 다시 일어나서 게임을 계속할 수 있음을 아는 것이다."

"**The edge** is knowing that you can fail and learn from

it, and just get back up and in the game."

"**우위**란 사람들이 당신을 미쳤다고 생각하고 그들이 옳다고 생각하지만, 당신은 그들의 생각에 신경 쓰지 않는 것이다."

"**The edge** is knowing that people think you're crazy, and they are right, but you don't care what they think."

"**우위**란 일주일에 두어 번 정도는 스트레스를 날려버리고 사업에 다시 집중할 수 있는 방법을 아는 것이다."

"**The edge** is knowing how to blow off steam a couple times a week, just so you can refocus on business."

"**우위**란 목표를 달성하고 그 과정에서 사람들을 올바르게 대할 줄 아는 것이다. 당신이 사업을 아무리 잘하고 있어도 너무 집중하면 주변 사람들이 균형을 잡아주고 도와줄 필요가 있기 때문이다."

"**The edge** is knowing that you are getting to your goals and treating people right along the way, because as good as you can be, you are so focused that you need regular people around you to balance and help you".

"**우위**란 당신이 이미 숙제를 마쳤기 때문에 사업 문제에 대해 자신 있게 누군가에게 도움을 요청할 수 있는 것이다."

"**The edge** is being able to confidently call out someone on a business issue because you have done your home-work."

"**우위**란 자신이 잘못했을 때 이를 인식하고 다시는 그런 일이 일어나지 않도록 더 열심히 노력하는 것이다.

"**The edge** is recognizing when you are wrong and working harder to make sure it doesn't happen again."

"**우위**는 이슈와 문제를 깊이 탐구하여 파악하고 다른 사람이 알기 전에 문제를 해결할 수 있는 능력이다."

"**The edge** is being able to drill down to identify issues and problems and solve them before anyone knows they are there."

"**우위**란 다른 사람들이 '이기고자 하는 의지'나 성공할 수 있다는 확신과 같은 말도 안 되는 이야기를 할 때, 여러분은 성공할 수 있도록 경쟁할 준비를 하고 있다는 것을 아는 것이다."

"The **edge** is knowing that while everyone else is talking about nonsense like the "will to win" and how they know they can be successful, you are preparing yourself to compete so that you will be successful."

이것이 바로 비즈니스를 놀라운 스포츠 경기로 만드는 이유이다. 모두가 이 스포츠 경기를 한다. 모두가 자신이 얼마나 이 경기를 잘하고 있는지, 앞으로 얼마나 잘할 수 있을지에 대해 이야기한다. 하지만 실제로 그렇게 하는 사람은 극소수에 불과하다.

매일 누군가는 아이디어를 떠올린다. 매일 누군가는 자신이 시작하고 싶은 사업에 대해 이야기한다. 매일 누군가는 당신을 이기는 것이 목표인 사업을 시작한다. 이 얼마나 멋진 일인가? 매일 전 세계 어딘가에서 낯선 누군가가 당신의 사업을 망하게 할 방법을 찾고 당신이 피땀 흘려 일한 모든 것을 빼

앗아 갈 방법을 찾으려고 한다. 당신이 성장하는 산업에 종사하는 경우, 수백 또는 수천 명의 낯선 사람들이 당신을 폐업시킬 방법을 찾고 있다. 얼마나 멋진 일인가?

비즈니스는 궁극의 경쟁이다. '상대를 제압하기(eat your lunch)'라는 게임을 해보겠는가? 우리는 다음과 같이 대결할 것이다. 내 아이디어 실행 능력 vs. 당신의 아이디어. 당신의 사업을 전복시킬 수 있는 내 능력 vs. 계속 유지할 수 있는 당신의 능력. 당신의 비즈니스가 존재할 이유를 없애는 방법을 만드는 나의 능력 vs. 나에게도 똑같이 할 수 있는 당신의 능력. 당신이 무엇을 할 것인지, 당신이 어떤 일을 실행하기 전에 무엇을 할 것인지 아는 나의 능력 vs. 그 일을 실행하는 능력! 누가 먼저일까? 무엇보다도 이 게임에는 시간 제한이 없으며 영원하다. 끝이 없는 궁극의 경쟁이 바로 비즈니스 스포츠인 것이다. 모든 사람에게 적합한 것은 아니지만 나는 이 게임을 좋아한다.

나는 운이 좋았다. 나는 재정적으로 이 경기를 잘했기 때문에 24시간, 365일 경기를 할 필요가 없다. 나는 18 × 7 × 365로 줄일 수 있고 줄였다. 지금은 가족이 우선이다.

하지만 그 18시간 동안 나는 항상 경쟁하고 비즈니스

경쟁을 사랑할 거라고 장담할 수 있다.

하지만 그게 나이다. 여러분은 자신에게 맞는 방법을 찾아야 한다.

#4 인생에서 컨트롤할 수 있는 한 가지: 노력

THE ONE THING IN LIFE YOU CAN CONTROL: EFFORT

그때를 잘 기억한다. 나는 27살이었다.

드디어 처음으로 내 아파트가 생겼다. 나는 여전히 아직 새 차를 사지 않았지만 4년 된 마쓰다 RX-7이 있었기 때문에 행복했다. 4년 된 차는 내게 새 차나 다름없었고, 당시에는 금색 RX-7을 운전하는 것이 즐거웠다.

나는 99달러짜리 폴리에스터 정장 2벌에서 멋진 디자이너 브랜드 정장 몇 벌로 옷장을 업그레이드했다. 물론 중고로 샀다. 누군가 전에 입었던 옷이라는 건 신경 쓰지 않았다. 세탁소에 한 번만 맡기면 새 옷처럼 깨끗해졌기 때문이다. 그전까지 나는 니만 마커스(Neiman Marcus)[1]에서 구입한 천연 소재로 만든 새 정장 한 벌을 가지고 있었는데, 여자 친구가 그곳에서 일하면서 연말 직원 할인 행사에 나를 데리고 갔기 때문이다.

내가 마이크로솔루션즈 사를 설립한 지 3년이 조금 넘었을 때 나는 그 해에 60,000 달러를 벌었다. 내게는 엄청난 돈이었다. 그 당시에는 나이에 맞는 월급을 받는 것도 좋았지만, 내 나이대 평균 연봉의 두 배를 받는 것도 대단한 일이었다. 그해 크리스마스 무렵, 당시 여자 친구의 적극적인 권유 끝에 나는 저축해 둔 7,500달러를 모두 모아 예쁜 반지를 사서 약혼하기로 결심했고 여자친구에게 반지를 선물로 줬다. 몇 주 후 여전히 행복하게 지내고 있을 때 우리는 영화를 보러 갔다. 분명히 멋진 영화였던 걸로 기억한다. 불행히도 다음날 그녀는 반지를 잃어버렸다는 사실을 깨달았다. 물론 그녀는 반지를 잃어버려서 엄청나게 화가 났고, 나는 보험에 들지 않아서 화가 났다. 어쩌면 그 일이 불길한 징조였을지도 모른다. 거두절미하고 우리는 얼

1 미국의 명품 백화점 체인

마 후 헤어졌다(결론은 내가 결혼하기에는 너무 어렸고 우리는 여전히 좋은 친구라는 것이다). 그렇게 나는 27살이 되었다. 내 전 재산을 쏟아부은 반지는 아마 댈러스 어딘가의 전당포에 있었을 것이다. 은행 계좌에는 한 푼도 남지 않았다. 그래도 다행인 건 내 사업이 아직 있었다. 다른 모든 것을 배제하고 항상 집중할 수 있는 한 가지가 있었던 것이다. 이 같은 내 성격은 사업에서 큰 도움이 되었지만, 내 이별과도 조금은 연관이 있다.

마이크로솔루션즈는 성장하고 있었지만 더 잘할 수 있었다. PC 산업은 큰 침체기를 겪고 있었고, 근거리 통신망 산업은 아직 도약하지 못하고 있었다. 우리가 성장하려면 열심히 그리고 현명하게 일해야 했다.

바로 그 시기에 나는 댈러스 매버릭스 농구팀을 인수한 후 자주 듣게 될 말을 듣기 시작했다.

스포츠에서 선수가 진정으로 컨트롤할 수 있는 것은 노력뿐이라는 말이다. 비즈니스도 마찬가지이다. 기업가, 영업사원 또는 어떤 위치에 있는 사람이든 유일하게 컨트롤할 수 있는 것은 노력뿐이다.

나는 스스로를 채찍질하고 일찍 일어나고, 늦게까지 일

하며, 우위를 점하기 위해 할 수 있는 모든 것을 소비해야 했다. 나는 생산성을 최대한 높이기 위해 노력해야 했다. **즉, 하루 중 고객과 연락할 수 있는 모든 시간을 영업시간으로 활용하고, 고객이 잠든 시간에는 더 많은 매출을 올리고 회사를 발전시킬 수 있는 일을 해야 했다.**

마지막으로, 내가 얼마나 열심히 일하고 있는지 그리고 내 자신에게 거짓말을 하고 있지 않은 지 확인해야 했다. 직장에서 하루에 몇 시간을 보냈는지에 따라 노력을 판단하는 경향이 많다. 하지만 그것은 노력을 측정하는 최악의 방법이다. 노력은 목표를 설정하고 결과를 달성하는 것으로 측정된다. 이 사업을 성공적으로 끝내기 위해서 무슨 일을 해야 하나? 이 사업 부문에서 경쟁 업체를 이기기 위해

물론 마이크로솔루션즈 사에서 프레젠테이션을 할 때 멋진 모습을 보여주기 위해서도 많은 노력을 기울였다

무엇을 해야 했나? 이 기술이나 사업을 누구보다 잘 이해하려면 어떻게 해야 할까? 우위를 점하려면 어떻게 해야 할까? 그 우위는 어디에서 오는 것이며, 어떻게 하면 거기에 도달할 수 있을까?

사업에서 성공하기 위한 한 가지 요건은 노력이다. 결과를 얻기 위해 노력을 기울이거나 그렇지 않거나 둘 중 하나이다.

#5 산만한 생각이 들 때와 대학에 있을 때

21살에 한 가지 일에 집중하는 것은 과대평가된 일이다

SCATTERBRAINED AND IN COLLEGE
BEING FOCUSED AT 21 IS OVERRATED

나와 비슷한 처지에 있었던 모든 대학생을 위해서 이 글을 소개한다.

"친애하는 마크,

나는 X 컨퍼런스에서 당신의 연설을 들은 그룹에 속해 있었는데 조언이 좀 필요해요. 당신은 중독성 행동을 경험해 본 적이 있는지 모르겠지만 중독이 어떤 느낌인지 잘 알고 있을 거예요. 분명히 말씀드리지만 저는 마약이나 알코

올 같은 것에 중독된 게 아니에요. 저는 모험에 중독되어 있습니다. 육체적 한계를 뛰어넘고 새로운 것을 경험하는 것에 중독되어 있죠. 하지만 지금은 너무 힘들어요. 해야 할 일에 집중할 수가 없어요. 저는 풀타임으로 학교를 다니며 부동산 중개일을 하고 있는데 필사적으로 모험을 찾아 헤매는 것이 제 목표를 향해 나아가는 데 도움이 되지 않고 오히려 방해만 되고 있어요. 당신은 당신이 원하는 모든 것을 할 수 있는 자유를 누리기 전에는 해야 할 일에 어떻게 집중할 수 있었나요?"

아래는 나의 대답이다:

"…아직 학교에 다니고 있잖아요. 지금이 모든 답을 알아야 하거나 한 가지에 집중할 필요는 없어요. 자신이 정말 좋아하고 잘하는 한 가지를 찾을 때까지 많은 것을 시도해야 합니다. 만약 그 한 가지를 찾게 되면 거기에 집중할 수 있을 거예요.

21살에 뭔가에 꼭 집중할 필요는 없어요. 지금이야말로 실수하고, 최대한 많은 것을 시도해 보고, 무언가를 알아낼 수 있는 시기예요.

당신이 해야 할 일은 배우는 거예요. 회계와 금융 그리고 통계를 배우세요. 비즈니스에 대해 최대한 많이 배우세요. 사업가들의 전기를 읽으세요. 한 가지에 집중할 필요는 없지만 때가 되었을 때 준비할 수 있도록 지식의 기반을 만들어야 합니다.

그때가 언제가 될지는 아무도 모릅니다. 하지만 그때를 대비하여 지금 준비할 수 있어요. 때가 되면 당신은 비즈니스 모험에 뛰어들게 될지도 모르니까요!"

#6 당신은 무엇이 될 운명인가?

WHAT ARE YOU DESTINED TO BE?

나는 매일 누군가로부터 자신이 '운명적으로' X가 될 것이라고 선언하는 이메일을 한 통 이상 받는다. 부자가 되고 싶고, 유명해지고 싶고, 여기저기서 이것저것 최고가 되고 싶다는 등 그 사람이 가진 모든 종류의 꿈으로 빈칸을 채울 수 있다. 물론 내게 이메일을 보내는 것은 단순히 꿈을 말하기 위해서가 아니라 꿈을 이룰 수 있도록 돈을 달라고 요청하기 위해서이다. 그러나 이것은 또한 몇 가지 질문을 던진다.

“우리는 자신이 어떤 사람이 될 운명인지 알고 있을까, 아니면 경험을 통해 알게 될까?”

“우리 각자가 정말 잘하는 것이 있고, 단지 그것을 발견하는 것의 문제일까?”

“우리 모두는 매일 하고 싶은 일이 있는데, 그 일은 선천적으로 알고 있는 것일까, 아니면 찾아야 하는 것일까?”

“당신은 좋아하는 일과 잘하는 일이 같은가?”

개인적으로 나는 항상 사업하는 것을 좋아했지만, 멜론 은행에서 8개월 동안 일하기 전까지는 내가 컴퓨터에 적성이 있다는 것을 알지 못했다. 하지만 지루한 시간을 보내던 중 메인프레임 컴퓨터 앞에 앉아 RAMIS라는 스크립팅 언어를 배우면서 매 순간을 즐기고 있는 나 자신을 발견했다. 그러다 79달러에 TI-99A 를 구입하고 테이프 레코더를 드라이브로 연결한 후 베이직(BASIC)이라는 프로그래밍 언어를 혼자서 배웠다. 그러다 보니 당신의 짐작대로…

나는 매 순간이 좋았다. 나는 세계 최고의 프로그래머는 아니지만 비즈니스와 영업 기술을 결합하여 연중무휴 24시간 일할 수 있을 정도로 나를 흥분시키는 무언가를 찾았다.

누군가 이것에 대해 묻는다면 그에 대한 내 대답은 사람들이 뭔가를 처음 시도해 보기도 전에 자신이 어떤 사람이 될지 알 수 없다는 것이다.

대학에 진학하는 목적은 가능한 한 많은 학문을 경험하는 것이지만, 그보다 더 중요한 것은 학습하는 방법을 배우고 배움이 평생의 노력이라는 것을 깨닫는 것이다. 학교는 배움의 끝이 아니라 순전히 훈련의 장이자 시작일 뿐이다.

내 소견으로 일단 배우는 법을 알고 나면 다양한 시도를 최대한 해볼 수 있다고 생각한다. 나이를 의식하고 운명을 찾을 필요는 없으며, 운명을 찾았을 때 그것을 향해 달려갈 준비만 하면 된다.

물론 운명에는 항상 주의해야 할 점이 있는데, 그것은 바로 책임이다. 운명을 가로막는 가장 큰 장애물은 개인적, 재정적 부채이다. 책임져야 할 사람이 많을수록 자신에게 집중하고 상황을 파악하기가 더 어려워진다. 나는 결혼이나 자신을 먼저 찾는 것부터 시작해야 올바른 사람을 더 쉽게 찾을 수 있다고 굳게 믿는다. 홀로 설 수 없다면 성공적인 커플이 될 수 없기 때문이다.

나는 재정적 부채가 꿈을 방해한다고 믿는다. 첫 집, 자동차 등 사고 싶은 것이 무엇이든 빚을 지게 되면 자신을 가장 행복하게 만드는 일을 찾는 것을 멈추게 되는 주된 이유가 된다.

매시간 또는 매일 하고 싶은 일보다 집, 자동차 또는 X에 만족하는 것이 얼마나 미친 짓인가?

절대 안주하지 마라. 자리를 잡고 안주하는 것을 서두를 이유가 없다.

현재 자신의 위치가 만족스럽지 않다면 삶을 단순하게 정리하고 자신의 운명을 찾기 위해 나가서 필요한 만큼 많은 일을 시도해봐라. 정말 그런 것이 있다면 말이다.

#7 한 번만 옳으면 된다

YOU ONLY HAVE TO BE RIGHT ONCE

농구에서는 50%의 슛을 성공시켜야 한다. 만약 당신이 슛 100개당 10개의 슛을 더 성공시키면 올스타가 된다. 야구에서는 30%의 확률로 안타를 쳐야 한다. 100타석당 10개의 안타를 더 치면 모든 잡지의 표지를 장식하고 모든 스포츠센터에서 선두를 차지하며 명예의 전당에 오르게 된다.

비즈니스에서는 확률이 조금 다르다. 멘도사 라인(Mendoza Line)[1]을 깰 필요는 없다. 사실 삼진을 몇 번

1 리그 평균 타율에 못 미치는 2할대 초반의 타율 또는 타율이 2할 언저리에 있는 타자를 지칭하는 용어

이나 당하는지는 중요하지 않다. 비즈니스에서 성공하려면 단 한 번만 옳으면 된다.

한 번만 성공하면 평생 성공할 수 있다. 이것이 비즈니스 세계의 아름다움이다.

나는 12살에 쓰레기봉투를 팔며 첫 사업을 시작했던 이야기를 사람들에게 들려주는 것을 좋아한다. 아무도 내가 그 일을 잘했는지, 또는 돈을 벌었는지 물어본 적이 없었다. 그렇다! 나는 그 일을 잘했다. 테니스 화 몇 켤레를 살 만큼의 돈을 벌 수 있었다.

내 마지막 학년 프로젝트였던 모틀리스 펍에 들어가려고 줄을 선 학생들

우리는 모틀리스 펍에서 즐거운 시간을 보냈다.

우리는 미성년자 음주 혐의로 술집 문을 닫아야 했는데 알고 보니 위 사진의 소녀가 16살의 어린 나이에 매춘 혐의로 보호관찰 중이었다

인디애나 대학교 4학년이 되기 전 여름, 합법적으로 술을 마실 수 있는 연령이 되지 않았음에도 불구하고 술집인 '모틀리스 펍(Motley's Pub)'을 열었던 이야기를 들려주고 싶다. 결과가 어떻게 되었는지 물어보는 사람은 아무도 없었다. 술집은 잘 되었다. 16살짜리 아이가 젖은 티셔츠 콘테스트에서 우승하도록 내버려 두었다가 경찰에게 적발되기 전까지는 말이다(맹세컨대 신분증을 확인했는데 아무 문제가 없었다!).

마찬가지로 멜론 은행이나 트로닉스 2000에서 일했던 경험이나 분유 판매 사업을 시작하려 했던 일(갤런 단위로 저렴하고 맛도 좋았다)에 대해 물어보는 사람은 아무도 없었다. 댈러스에 처음 왔을 때 '엘란스(Elan's)'라는 바에서 야간에 바텐더로 일했던 경험이나, 매장을 여는 대신 영업 계약의 성사를 원했다는 이유로 유어 비즈니스 소프트웨어에서 해고된 일에 대해서도 묻지 않는다.

내가 마이크로솔루션즈 사를 창업할 때 어땠는지, 마이크로솔루션을 예전에 했던 일들보다 지속되고 성공적인 사업으로 만들기 위해 수개월을 어떻게 보냈는지 물어보는 사람은 아무도 없다.

나는 노력할 때마다 많은 것을 배웠다. 나뿐만 아니라 주변 사람들의 실수와 실패를 통해 무엇을 하지 말아야 하는지 배웠다. 또한 함께 사업을 했던 사람들의 성공 사례도 공부해야만 했다.

내게는 적당한 수준의 두려움과 함께 무한한 희망이 있었고 무엇보다도 시간이나 노력에 대한 제한이 없었다. 다행히도 마이크로솔루션즈는 내게 좋은 결과를 가져다주었다. 나는 7년 만에 회사를 매각했고 휴가를 내고 즐거운 시간을 보낼 수 있을 만큼 충분한 돈을 벌었다.

사람들이 내게 마이크로솔루션즈를 적절한 시기에 매각해서 내가 얼마나 운이 좋았는지 말해줬던 것을 생생하게 기억한다. 그리고 그 돈을 가지고 마이크로솔루션즈가 집중했던 분야의 테크 주식들을 사기 시작했을 때, 테크주가 상승하기 시작하면서 내가 그토록 뜨거운 분야에 대한 전문 지식을 갖게 된 것이 얼마나 운이 좋았는지 사람들이 말해줬던 것을 생생하게 기억한다.

물론 내가 소프트웨어나 시스코(Cisco) 인터넷 공유기기 설명서를 읽거나 집에서 새로운 소프트웨어를 테스트하고 비교하는 데 수많은 시간을 보낸 것이 운이었는지 물어

마이크로솔루션즈 사를 콤퓨서브(CompuServe) 사에 매각한 것을 축하하며 마틴 우달과 함께 찍은 사진

보는 사람은 아무도 없었다. 그 이야기는 다음 기회에 다룰 주제이다.

이 모든 것의 요점은 몇 번이나 실패하든 상관없다는 것이다. 몇 번이나 성공할 뻔했는지는 중요하지 않다. 아무도 당신의 실패를 알거나 신경 쓰지 않을 것이며 당신도 그

럴 필요가 없다. 당신이 해야 할 일은 실패로부터 배우고 주변 사람들로부터 배우는 것뿐이다.

비즈니스에서 중요한 것은 제대로 한 번 성공하는 것이다. 그러면 모두가 당신이 얼마나 운이 좋은지 말해줄 것이다.

#8 바비 나이트에게 배운 것

WHAT I LEARNED FROM BOBBY KNIGHT

바비 나이트(Bobby Knight)[1] 감독님께 감사하다고 말할 수 있는 것들이 정말 많습니다. 감독님이 지도하셨던 인디애나 대학교 팀의 농구를 보면서 즐거웠던 시간들도 기억이 납니다(당시에는 팬이 아니었지만 켄트 벤슨(Kent Benson)[2]이 있는 팀은 무패를 기록해야 한다고 생각했습니다). 저는

1 미국 대학 농구 역사상 가장 뛰어난 기록을 남긴 인물로, 1971년부터 2000년까지 인디애나 대학교 농구팀을 이끌었다. 올해의 감독상 5회 수상, 전미 대학 농구 토너먼트 3회 우승, 빅텐 컨퍼런스 11회 우승, 올림픽 금메달, 통산 902승을 기록하며 역대 최다승 감독 부문 2위에 이름을 올렸다.

2 인디애나 대학교 농구팀 출신의 전설적인 농구 선수

집중하고 열심히 일하는 것이 미덕이자 성공의 길이 될 수 있다는 것을 당신에게 배웠습니다.

학교 관계자들이 저에게 기부금을 받아내기 위해 칭찬 일색이었던 인디애나 대학교의 학장 관사에서 당신을 처음 만났을 때, 제가 청바지 차림으로 나타난 자리에 정장차림으로 오게 만든 학교 관계자들 때문에 화를 냈던 기억이 납니다.

마이애미에서 저와 대화했던 시간도요. 하지만 그게 제가 가장 고마워하는 건 아닙니다.

제가 인디애나주에 있을 때 감독님은 《60 Minitues》라는 TV 프로그램에 출연했습니다. 인터뷰에서 당신이 한 말이 정말 마음에 와닿았어요. 학교 다닐 때도 그 말을 되새겼으며, 제가 한 수많은 사업들 중 어떤 사업이든지 시작하기 전에 항상 그 말을 떠올렸습니다. 제가 실패할 때마다 그 말을 되새기고 있으며, 앞으로도 어떤 일이든 시작하기 전에 그 말을 되새길 것입니다. 그 말은 제게 조언을 구하러 오는 모든 연령대의 사람들에게 제가 해줄 수 있는 최고의 조언입니다. 또한 파트너를 선택할 때나 직원이나 감독을 고용할 때 제가 찾는 특성이기도 합니다. 저는 에이버리 존슨(Avery Johnson)[3], 릭 칼라일(Rick Carlisle)[4], 필 가빈(Phil Garvin)[5]에게서도 보았습니다. 토드 와그너(Todd Wagner)와 마틴 우달을 비롯해 저를 성공의 길로 이끈 많은 분들에게서도 분명히 볼 수 있었습니다. 감독님이 하신 말씀을 제가 바꿔서 표현한 것은 다음과 같습니다.

"누구나 이기고자 하는 의지는 있지만, 준비할 의지가 있는 사람만이 이긴다."

(Everyone has got the will to win; it's only those with the will to prepare that do win.)

이 말은 모든 운동 선수와 비즈니스 스포츠에 임하는 우리 모두가 새겨들어야 할 명언입니다.

감사합니다, 감독님.

3 전 NBA 농구 선수이자 감독. 2002~2003년 시즌에 매버릭스에서 뛰었으며 2005년부터 2008년까지 매버릭스의 감독이었다.

4 미국 Mobile TV Group(MTVG)의 CEO, 2001년에 마크 큐반(Mark Cuban)과 HDNet을 공동 창업했다.

5 전 NBA 농구 선수이자 감독, 2008년부터 2021년까지 댈러스 매버릭스의 감독이었으며 2010~2011년 시즌에 매버릭스를 NBA 파이널 우승으로 이끌었다. 현재 인디애나 페이서스의 감독이다.

#9 기회에 익사할 수 있다 / 현재 벌어지고 있는 전투에서 승리하기

DROWNING IN OPPORTUNITY / WINNING THE BATTLES YOU ARE IN

사업을 시작하고 일을 진행시키는 것보다 더 신나는 일은 거의 없다. 기업가라면 누구나 느끼는 두려움, 아드레날린, 흥분, 희망 …. 이 모든 것은 중독성이 있다. 사실 이런 것들이 기업가를 지나치게 도취시키는 경우가 많다. 그리고 약간의 성공과 함께 무적의 기분이 들 때가 많다. 나는 내가 똑똑하고 무엇을 하고 있는지 알고 있으며 어떤 문제가 발생해도 해결책을 찾을 수 있다고 믿었다. 따라서 새로운 기회에 도전하는 것이 아무런 문제가 없을 거라 자신한 적이 여러 번 있었다. 하지만 이런 생각을 할 때마다 실수를 범했다.

나는 평생 비즈니스를 운영하면서 거의 완벽에 가까운 몇 가지 규칙을 개발했다. 그중 지금까지도 맹신적으로 계속 사용하고 있는 몇 가지 규칙들을 소개한다.

1. 강세장에서는 모두가 천재이다.

EVERYONE IS A GENIUS IN A BULL MARKET

많은 사람이 자신이 고른 주식이 계속 오르는 이유가 자기가 똑똑하기 때문이라고 생각한다. 하지만 그들은 모든 주식이 상승할 때 누구나 상승 종목을 찾을 수 있다는 사실을 간과한다. 사업에도 동일한 원칙이 적용된다. 기업가는 자신에게 잔인할 정도로 솔직해야 하며, 자신이 어디에서 부가가치를 창출했는지, 그리고 시장의 흐름에 따라 어디로 갔는지를 인식해야 한다. 시장의 흐름을 따라가서 돈을 버는 것은 아무런 문제가 없지만, 자신에게 거짓말을 하고 시장의 흐름을 따라가서 얻은 성과를 자신의 공로로 여긴다면 결국 당신의 발목을 잡을 것이다.

스포츠 리그가 완벽한 예이다. 스포츠 리그는 성장을

주도한다고 여겨졌던 산업이었지만 실제로는 중계권료의 강세장이었다고 볼 수 있다.

먼저 케이블 TV의 등장으로 스포츠 중계권 경쟁이 치열해지면서 스포츠 중계권의 가치가 상승했다. 그다음 위성 TV가 등장하면서 케이블 TV와 공중파 TV 간의 스포츠 중계권 경쟁이 심화되어 다시 가치가 상승했다. 그 후 중계권 권리자들이 자체 지역 스포츠 네트워크를 만들면서 또 한 번 스포츠 중계권의 가치를 높였다. 오늘날 스포츠 프로그램은 TV 시청자들의 TiVo나 유사 기술 채택이 증가함에 따라 호황을 누리고 있다. 스포츠는 TiVo에 가장 강한 프로그램이다.

우리가 매버릭스와 함께 하려는 것처럼 현명한 스포츠 중계권 소유자들은 지금까지 TV 중계권 매출이 우리의 뛰어난 능력 때문에 증가한 게 아니라는 사실을 잘 알고 있다. 그것은 시장 덕분이다. 우리 프로그램의 가치를 더욱 높이기 위해 우리가 할 수 있는 일이 무엇인지 인식하는 것이 우리의 과제이다. 더 큰 과제는 강세장은 언제 끝날지 모르며, 우리 프로그램이 고객과 시청자에게 충분한 가치를 제공해야만 그 가치를 유지하거나 계속 증가시킬 수 있다는 점을 인식하는 것이다.

기회가 있을 때 이를 알아채는 것도 우리의 과제이다. 스포츠는 광고주를 위한 몇 안 되는 'TiVo 방지' 프로그램 옵션 중 하나이다.[1] 우리는 광고주를 위한 가치를 스포츠 경기에 통합시키고 시청률을 높이기 위해 노력함으로써 광고주에게 'TiVo 방지' 옵션으로서의 우리의 가치를 증명할 수 있는 특별한 기회를 얻었다. 이는 단순히 이 매출원을 보호하고 성장시키고자 할 뿐만 아니라, 우리의 모든 매출원 중 가장 큰 잠재적 수익을 지니고 있기 때문에 매우 중요하다. 광고주들은 온디맨드(on-demand)[2] 환경에서 시청자를 한 번에 한 명씩 끌어 모으는 것보다 HDTV(고화질 영상 기술)의 고유한 경험을 통해 최대한 많은 시청자 앞에서 동시에 광고할 수 있는 방법을 원한다.

어느 방송국은 다음 날 아침에 시청률 수치를 알려주지

1 시청자가 TV 프로그램을 녹화한 후 원하는 시간에 재생할 수 있는 디지털 비디오 녹화(Digital Video Recording, DVR) 기술의 대명사가 된 브랜드이다. 'TiVo 방지'란 TiVo 같은 디지털 비디오 녹화(DVR) 장치를 사용하여 시청할 때 건너뛰거나 빨리 감기를 막는 콘텐츠 또는 프로그램을 뜻하며 본문에서는 광고주에게 매력적인 옵션으로서 스포츠 프로그램의 가치를 강조하는 데 사용되고 있다.

2 가입자가 원하는 시간에 드라마, 영화 등의 방송 프로그램을 즉시 선택해 시청할 수 있는 서비스

만, 다른 곳은 시청자 규모를 수치로 집계하는 데 오랜 시간이 걸린다. 따라서 이런 상황은 매버릭스가 파트너와 함께 매출을 증대시키기 위해 열심히 노력해야 하는 독특한 기회를 만든다.

매버릭스 입장에서 시장, 즉 팬들의 구매 여력을 고려하여 티켓 가격을 책정하지 않는다면 티켓 가격을 영원히 올릴 수 없다는 사실을 깨닫는 것도 중요하다. 실제로 우리는 경기장의 높은 층 좌석 티켓의 가격을 모두 낮추고 홈경기 중 10경기에 2달러짜리 티켓을 발행했다(반복한다. 2달러이다). 따라서 팬들은 단돈 20달러로 10경기를 관람할 수 있다. 티켓 가격을 낮추는 것은 우리가 할 수 있는 가장 강력하면서도 비용이 적게 드는 마케팅 도구이다. 이는 긍정적인 브랜드 가치를 제공하고 매버릭스에 대한 더 큰 헌신으로 이어지며 우리 제품의 생생한 특성을 살린 새로운 제품이나 서비스를 만드는 데 도움이 된다.

쉽지 않은 일이지만, 과거의 매출 성장은 우리의 노력만큼이나 업계 트렌드의 영향이 컸다는 것을 잘 알고 있다. 당신은 강세장이 지속되지 않을 경우를 대비해 경쟁에서 승리하는 데 집중할 수 있도록 최선을 다해야 한다.

이는 두 번째 규칙으로 이어진다.

2. 새로운 전투를 시작하기 전에 현재 진행 중인 전투에서 승리해라.

WIN THE BATTLES YOU ARE IN BEFORE YOU TAKE ON NEW BATTLES

모든 사업은 사활을 건 전투를 벌이고 있으며, 여러분의 사업도 마찬가지이다. 당신의 사업에서 당신이 이기지 못하고 있거나 선두를 유지하기 위해 싸우고 있는 한 가지 전투가 있다.

영화 사업은 처음 사람들을 극장에 데려오는 데 드는 비용보다 더 많은 흥행 수익을 올리는 싸움이다. 매버릭스의 경우, 경기장과 TV에서의 게임 경험이 그 자체로 강력한 엔터테인먼트가 되어 관중을 끌어 모으고 광고주들을 만족시킬 수 있을 만큼 매력적으로 만들어야 하는 싸움이다. 코트에서 경기가 어떻게 진행되는지는 내가 컨트롤할 수 없지만, 경기장에 오거나 TV를 통해 경기를 시청하는 시청자들이 즐거운 시간을 보낼 수 있도록 할 수는 있다. HDNet에서는 끊임없이 질적 기준을 높이고 가입자가 몰입하고 주인의식을 가질 수 있는 프로그램을 찾거나 제작하는 것이 중요하다. 나는 대형 TV 네트워크만큼 많은 돈을 들여 프로그램을 제작할 수 있지만, 대형 TV 네트워크는 95%의 경우 실패한다. 그것은 내가 따라 하고 싶은 모델이 아니다. 결과를 얻을 수 있는 새로운 방법을 찾는 것이 궁극적인 도전이다.

이것이 내가 집중하고 있는 세 가지 이슈이다.[3] 이 문제들은 갑자기 수면 위로 떠오른 문제가 아니다. 이 문제들은 수년 동안 사업에서 해결해야 할 과제였으며, 현재와 앞으로 몇 년 동안 내가 지속적으로 관심을 기울여야 할 움직이는 목표물들이다. 내가 정말 좋아하는 지적 도전이자 진정한 비즈니스 스포츠인 것이다. 물론 나는 사업 운영 문제도 다루지만, **사업의 거의 모든 전략적 요소를 다른 사람에게 위임하는 법을 배웠는데, 이는 기업가로서 쉽지 않은 일이다.**

3 본문에서 큐반은 세 가지 문제를 이야기하는데, 첫 번째 이슈는 광고와 필름 홍보에 드는 돈보다 흥행 수익이 많아야 한다는 것, 두 번째 이슈는 경기를 시청하는 사람들에게 즐거운 경험을 제공하는 것, 그리고 세 번째 이슈는 끊임없이 기준을 높고 가입자가 몰입하고 주인의식을 가질 수 있는 프로그램을 찾거나 제작하는 것이 중요하다는 것이다.

과거에는 내가 사업에 부가가치를 창출할 수 있다고 생각되는 일이라면 무엇이든 맡았다. 모든 일의 한가운데에 내가 있어야 했다. 더 이상은 아니다. **나는 신뢰할 수 있는 사람들을 고용하고, 그들이 공을 가지고 달려가도록 하는 법을 배웠다.**

물론 모든 비즈니스에 '벤치 스트렝스(bench strength)'가 있는 것은 아니다.[4] 일부 기업가들은 상호 보완적인 능력을 가진 사람을 고용하지 않는다. 몇몇의 회사들은 소규모 기업이라 아직 그럴 여력이 없다. 이러한 회사들의 경우 이 규칙이 특히 중요하다. 만약 회사의 주요 동력인 당신이 새로운 도전에 나설 경우, 현재 진행 중인 전투에서 이길 수 있는 능력이 저하되고 주력 사업이나 핵심 역량이 손상될 위험이 커질 뿐이다.

사실 이것이 내가 NBA와 우리의 국제적인 노력에 대해 바라보는 있는 가장 큰 문제이다. 국제적으로 기회가 없다고 생각하는 것은 아니다. 기회는 분명 존재한다. 사업에서 이는 미국은 물론 국제 전선에서 CEO의 노력이 희석되

4 조직 구성원들을 더 큰 책임이 있는 역할으로 이동시킬 수 있는 기업의 역량을 말한다.

고 여러 중요한 전투에서 패배할 위험을 높인다. 만약 우리 사업의 75% 이상을 견인하는 사업 부문들의 지표가 급상승한다면 그것은 일부분일 뿐이다. 하지만 우리는 지금 벌어지고 있는 전투에서 이기고 못하고 있다. 지고 있는 것도 아니고 이기고 있는 것도 아니며, 그저 간신히 버티고 있을 뿐이다.

국제 시장의 중요성은 사라지지 않을 것이다. 예를 들어 중국은 엄청난 잠재력을 가지고 있으며 앞으로도 그럴 것이다. 만약 우리가 핵심 수익 분야에서 우위를 점한다면, 나는 (우리 선수들을 경쟁 기업으로 보내는 것을 제외하고) NBA의 해외 진출에 가장 큰 지지자가 될 것이다. NBA는 각각의 전투를 이끌고 승리할 수 있는 사람을 찾아야 한다. 두 가지 일에 한 사람을 리더로 삼으려는 것은 큰 실수이며 그런 위험을 감수할 가치가 없다.

나는 HDNet에도 동일한 논리를 적용했다. HDTV는[5] 전 세계적으로 확산되고 있고 많은 지역에서 호황을 누리고 있다. 우리는 세일즈 팀을 통해 성장하는 시장에 콘텐

5 한국의 경우 2001년 10월부터 본격적으로 HD 방송이 시작되었다

츠를 판매하지만 나는 HDNet을 선형 네트워크 또는 온라인 네트워크로 전 세계에 제공하지 않겠느냐는 제안에 대해 “No.”라고 말했다. 이유는 무엇일까? 전 세계를 상대하려면 많은 시간과 집중이 필요하기 때문이다. 직접 나가서 운영할 사람을 고용하고, 그들을 교육하고, 지속적으로 그들의 노력을 지원할 수 있어야 한다. 나와 최고 경영진이 전 세계를 상대하는 데 소비하는 모든 시간은 HDNet과 HDNet Movies를 미국에서 최고의 네트워크로 만들기 위한 전투에서 보내는 시간이 아니다. 우리는 미국에서 성장을 극대화한 기업이 아니라 이제 막 성장을 가속화하기 시작했다.

그 싸움에서 자원을 빼앗는 것은 큰 실수가 될 것이다.

‘랜드마크 시어터(Landmark Theatres)’[6]도 마찬가지이다. 해외로 진출할 수도 있지만, 미국 내에서의 전투에서 승리하는 것이 훨씬 더 중요하며, 경영진이 전 세계에 쏟는 시간과 집중력을 미국 내 랜드마크 시어터 영화관에 쏟아

6 독립 영화와 외국 영화를 상영하고 마케팅하는 미국의 영화관 체인이며. 1974년에 설립된 이후 현재 24개 시장에서 176개 스크린을 갖춘 34개 극장으로 구성되어 있다. 마크 큐반이 대주주이다.

야 한다.

이는 기업가들에게 큰 교훈이 된다. **현재 싸우고 있는 전투에서 먼저 승리한 다음 해외로 확장하거나 새로운 비즈니스로 확장하는 것에 대해 걱정해라.** 여러분에게는 시간이나 집중력이 무한정 주어지지 않는다. 하루 24시간을 일할 수도 있지만, 핵심 사업에서 승리하는 데 투자한 24시간이 훨씬 더 큰 성과를 거둘 수 있다. 장기적으로는 약간의 비용이 들 수 있지만 최고의 비즈니스가 될 수 있다. 스포츠의 비유를 빌리자면, 기본기를 제대로 다져서 베이스 스킬을 갖춘 다음 '트릭 샷(어려운 기술)'을 시도하는 것이다.

규칙 3번은 규칙 2번의 자연스러운 연장선상에 있다.

3. 기회에 익사할 수 있다

YOU CAN DROWN IN OPPORTUNITY

기회가 한 번뿐인 비즈니스는 거의 없다. 모든 기업가는 이미 하고 있는 새롭고 흥미로운 일을 넘어 또 다른 새롭고 흥미로운 일을 할 수 있다는 생각에 미쳐 있다. 하지만 위험은 이러한 모든 기회에 익사할 수 있다는 것이다.

기업가가 힘든 시기를 겪거나 경쟁에 부딪히면 '사고의 전환'을 통해 회사가 할 수 있는 새로운 일을 찾고 싶은 유혹에 빠지는 경우가 너무 많다. 유혹에 넘어가지 마라. 당신이 기업가라면 당신의 회사의 핵심 역량이 무엇인지 파악하고 회사가 이를 실행하는 데 있어 최고가 되는 데 집중해야 한다. 요점은 이것이다. 핵심 사업이 어려움을 겪고 있을 때 도전을 받아들이지 않고 새로운 것을 추가하는 것은 도망치거나 포기하는 것과 같다. 어느 쪽도 사업에 도움이 되는 경우는 거의 없다. 사실 이러한 기회를 쫓다 보면 그 기회에 익사할 수 있다.

이 규칙은 내가 사업에서 새로운 일에 착수하기 전에 확인하는 사항이다.

#10 자신에게 거짓말하지 마라

DON'T LIE TO YOURSELF

나는 돈 넬슨[1]이 매버릭스의 감독 겸 단장으로 재직할 때 많은 것을 배웠다. 그는 일찍이 내 눈을 뜨게 한 말을 해주었다. 정확한 대화 내용은 잊어버렸지만 선수들에 대해 이야기하고 있었는데 왜 특정 선수에게 어떤 일이 벌어지고 있는지에 대해 이야기하지 않느냐고 물었다. 그는 "재능

1 도날드 아비드 "돈" 넬슨(Donald Arvid "Don" Nelson) : 미국의 전 프로 농구 선수이자 수석 코치, 1997년부터 2006년까지 댈러스 매버릭스의 감독이었다. 넬슨은 1,335승으로 NBA 역사상 역대 감독 중 정규 시즌 최다승 2위에 올라 있다. 넬슨은 NBA 역사상 위대한 감독 중 한 명으로 선정되었으며 2012년 네이스미스 농구 명예의 전당에 헌액되었다

에 대한 최악의 평가자는 자기 자신을 평가하려는 선수입니다."라고 대답했다.

이는 모든 종류의 기업가를 비롯하여 기업가 지망생에게도 동일하게 적용된다. 우리는 자신의 강점과 약점에 대해 솔직하지 못한 경향이 있다.

나도 누구 못지않게, 특히 비즈니스 세계에 처음 발을 들여놓았을 때 이런 부분에 취약했다. 사업을 시작하고 운영하는 것을 꿈꾸는 사람이라면 자신의 능력에 대해 어느 정도 자신감을 가져야 한다는 것을 알고 있다. 우리는 불가능한 일이 있다고 믿지 않는다. 우리는 약간의 운과 함께 충분히 노력하고 오랫동안 일하면 가능성이 무궁무진하다고 생각한다. 문제는 자신감이 진정한 우리 자신에 대한 판단을 흐리게 만든다는 것이다.

나는 내가 아는 사람 중 가장 정리가 덜 된 사람 중 한 명이다. 지금은 비서와 다른 사람들이 내 생활을 도와주고 있다. 3일 후에 내가 어디에 있을 거냐고 묻는다면 나는 전혀 모르겠다. 하지만 아침에 일어나면 어디로 가야 할지, 어떻게 가야 할지 알 수 있도록 도와주는 훌륭한 비서가 있다.

내가 23살에 바닥에서 잠을 자며 마이크로솔루션즈를 시작했을 때만 해도 비서가 없었다. 따라서 조직 체계도 없었다. 나는 항상 일을 미루었고 회계는 영수증으로 가득 찬 신발 상자였다. 나는 엉망이었다.

하지만 나는 나 자신에게 거짓말을 하며 감당할 수 있다고 말했다. 남는 시간에 모든 것을 파악하고 정리할 수 있다고 말이다. 마음만 먹으면 세심한 사람이 될 수 있고 더 이상 일을 미루지 않을 것이라고 말이다. 그런 식으로는 안된다.

나는 내가 잘하는 일을 했다. 나는 제품을 팔 수 있었으며 실제로 팔았고, 소프트웨어 프로그램을 개발할 수 있었으며, PC를 통합할 수 있었고, 근거리 통신망도 설정할 수 있었다. 그리고 이 모든 일을 해냈다. 내 사업은 성장했다. 하지만 내가 모든 일을 컨트롤할 수 없을 정도로 사업 또한 커졌다. 문서화되지 않은 로컬 네트워크나 소프트웨어 프로그램은 재앙을 불러올 수 있다. 그리고 실제로 재앙이 일어났다. 사업이 망할 정도는 아니었지만, 새로운 거래를 판매하는 것보다 문제를 해결하는 데 너무 많은 시간을 할애할 정도였다.

다행히도 당시 나의 최고의 고객 중 한 명이 내 비즈니스의 파트너가 되는 데 관심이 있었다. 마틴 우달은 하이텍 데이터 시스템즈라는 회사를 운영했다. 그는 똑똑하고 훌륭한 프로그래머였을 뿐만 아니라 내 인생에서 만난 사람 중 가장 꼼꼼하고 디테일에 집중하는 사람이었다. 나에겐 완벽한 파트너였다.

우리의 파트너십이 항상 쉽지만은 않았다. 우리는 지루한 싸움을 많이 했다. 그는 당연히 모든 것이 정확하게 이루어지기를 원했고, 만약 그가 모든 일에 완벽을 기하지 못했다면 나와 함께 사업을 하고 싶지 않았을 것이다. 물론 나는 정반대였다. 나는 바로 실행에 옮기는 사람이었다. 나는 '일이 벌어지면 나중에 해결하면 된다'는 사람이었다. 우리는 완벽한 파트너였다. 우리는 서로의 능력을 알고 신뢰했으며, 많은 사람이 우리가 소리를 지르며 다투는 것이 문제를 해결하는 최선의 방법이라고 생각하지 않을 수도 있지만, 우리는 해냈다.

결국 선택의 문제였다. 내가 스스로에게 거짓말을 하고 세부적인 일에 능통한 사람처럼 행동할 것인지, 아니면 그렇지 않다는 사실을 인정하고 세심한 사람과 파트너가 될 것인지 선택해야 했다. 스스로에게 계속 거짓말을 하면 사업을 잃을 수도 있었다.

모든 기업가는 비슷한 선택의 기로에 서 있다. 우리 각자는 자신이 누구이며 어떤 사람인지에 대한 현실을 직시해야 한다.

당신은 어떤 선택을 하겠는가?

#11 최고의 자본은 땀의 지분이다

THE BEST EQUITY IS SWEAT EQUITY

마이크로솔루션즈가 점점 더 성공을 거두면서, 그리고 성공하는 기업과 실패하는 기업의 공통적인 특징에 주의를 기울이면서 나는 성공한 기업에는 그들만의 '성공의 규칙(Rules of Success)'이 있다는 것을 깨닫게 되었다. 이러한 규칙을 따르지 않은 기업은 필연적으로 실패할 수밖에 없다. 나는 사업적인 결정을 내리기 전에 내 결정을 이러한 규칙들과 비교하고 점검하고 있다. 주식을 거래하거나 기업에 대한 투자를 고려할 때, 나는 투자 결정을 내리기 전에 이러한 '규칙(The Rules)'을 해당 기업에 적용한다.

이 ‘규칙’은 완벽하지 않으며 한계가 있다. 나는 기업가이다. 내 사업은 수백 명의 직원을 고용했고 지금은 1,000명이 넘는 직원이 있다. 나의 세계는 《포춘》지 선정 500대 기업에 들지 못할 비즈니스를 시작하고, 구축하고, 성장시키고, 운영하는 것으로 제한되어 있다. 내 꿈은 세계에서 가장 큰 회사를 만드는 것이 아니었다. 따라서 당신이 포춘 500대 기업의 중간 관리자나 CEO라면 이러한 규칙 중 일부는 적용되고, 나머지 일부는 적용되지 않겠지만, 이 ‘규칙’은 갑자기 등장한 소규모 비즈니스가 당신의 비즈니스를 어떻게 파괴할 수 있는지 알려줌으로써 도움이 될 것이다.

당신이 비즈니스를 시작하려고 하거나 현재 운영 중인 경우, 이 ‘규칙’은 중요한 역할을 한다. 모든 규칙에는 항상 예외가 있지만, 이 경우에는 예외가 거의 없다고 장담할 수 있다. ‘규칙’을 따르지 않는 기업가는 실패할 가능성이 훨씬 더 높다는 사실에 의심의 여지가 없다.

그럼 처음부터 시작하겠다. 이 글에서는 비즈니스를 시작하는 모든 분들을 위한 규칙 중 가장 중요한 첫 번째 규칙만 소개하겠다.

규칙 #1: 땀의 지분이 최고의 스타트업 자본이다

SWEAT EQUITY IS THE BEST STARTUP CAPITAL

최근 기업들 중 최고의 비즈니스는 돈이 거의 없거나 전혀 없이 시작한 비즈니스이다. 델 컴퓨터, 마이크로소프트, 컴팩(Compaq), 애플(Apple), HP를 비롯한 수만 개의 기업들은 기숙사 방이나 작은 사무실, 차고에서 시작했으며 100페이지에 달하는 사업 계획서는 없었다. 내 모든 사업에서 나는 지출을 스프레드시트로 정리하여 손익분기점과 내 사무실과 아파트를 유지하는데 필요한 매출을 계산하는 것부터 시작했다. 내가 판매하는 제품에 대한 개요, 내 사업이 합리적이라고 생각하는 이유, 경쟁사 개요, 내 제품 또는 서비스가 고객에게 중요한 이유, 고객이 우리 제품을 구매하거나 사용해야 하는 이유 등을 작성했다.

이 모든 내용을 노란 종이 또는 워드 파일에 적었는데, 사업 개요를 작성하는 동안 마신 다이어트 탄산음료보다 더 많은 비용이 들지는 않았다.

나는 내가 운영했던 각각의 사업의 기초를 기억한다. 마이크로솔루션즈는 마이크로컴퓨터와 소프트웨어를 사용하여 고객의 생산성과 수익성을 높이고 경쟁 우위를 확보할 수 있도록 돕는다는 아주 단순한 목표를 가지고 있었다. 나중에 창업한 브로드캐스트 닷컴(Broadcast.com) 역시 단순했다. 브로드캐스트 닷컴의 목표는 인터넷을 사용하여 엔터테인먼트 및 비즈니스 애플리케이션의 실시간 글로벌 커뮤니케이션을 가능하게 하는 것이었다. HDNet의 목표는 훌륭한 엔터테인먼트 컨텐츠를 고화질 영상 포맷으로 제작하여 배급사들이 가장 수익성이 높은 고객을 유치하는 데 경쟁할 수 있도록 돕는 것이었다.

아이디어를 종이에 적고 나서 회사 이름을 지었다. 거기서부터 가장 중요한 단계를 밟았다. 내가 지은 회사의 이름과 아이디어에 대한 문제점들을 지적하고 피드백을 제공할 수 있는 사람을 찾으려고 노력했다. 오디오넷을 시작할 때 '알렉스 브라운(Alex Brown)' 사의 드류 마커스(Drew Marcus)와 약속을 잡았던 기억이 난다.[1] (그의 이름이 '래리'였는지 기억이 잘 나지 않는데 아마 '드류'였던 것 같다) 그의 회

---

1 알렉스 브라운 앤 선즈(Alex. Brown & Sons) : 1800년 메릴랜드주 볼티모어에서 알렉산더 브라운이 설립한 미국의 투자은행. 2016년에 레이먼드 제임스(Raymond James) 금융 회사의 개인 고객 서비스 사업부로 통합되어 현재 알렉스 브라운이라는 이름으로 운영되고 있다.

사는 투자 은행이었다. 드류는 라디오 산업을 주시하고 있었는데, 나는 그의 경험을 통해 이 비즈니스 컨셉이 실패할 수 있는지 알아보고 싶었다. 그는 내 아이디어를 마음에 들어 했다.

그 다음 우리는 이 아이디어를 서스퀘하나 라디오(Susquehanna Radio)의 댄 할리버튼(Dan Halliburton)에게 가져갔다.[2] 그는 댈러스 지역 라디오 방송국 7곳을 총괄하는 임원이었다. 우리는 라디오를 아예 보유하지 않거나 몇 대 남은 라디오 조차 방송국의 AM 신호를 제대로 수신하지 못하는 오피스 시장에서 오디오넷을 통한 인터넷 방송으로 청취자들에게 도달할 수 있는 방법에 대해 논의 했다.

그는 우리의 아이디어를 매우 좋아했다. 그리고 나는 다시 우리의 아이디어를 '인사이트 엔터프라이즈(Insight Enterprises)'라는 신규 상장 기업을 운영하던 팀과 에릭 크라운(Eric Crown)에게 가져갔다.[3]

나는 이들에게 분기별 실적 컨퍼런스콜을 인터넷으로

2 1941년부터 2006년까지 운영된 라디오 방송국 회사

3 미국 애리조나주에 본사를 둔 글로벌 IT 상장기업으로 포춘 500대 기업에 등재되어 있으며 19개국에 지사를 두고 있다.

방송하면 투자자와 리서치 애널리스트들이 쉽게 컨퍼런스콜을 듣고 최신 정보를 얻을 수 있고, 놓친 컨퍼런스콜이 있다면 기록물(녹취록)을 들을 수 있지 않겠냐고 물었다. 그들은 적은 비용으로 IR 목표를 달성하는 데 도움이 될 것이라고 생각했다.

나는 신규 사업에 대해서 문의할 때마다 비용을 거의 아무것도 지불하지 않고 훌륭한 피드백을 얻을 수 있었다. 각 문의를 통해 내 사업 아이디어의 기초를 점검하여 실현 가능성이 있는지 확인할 수 있었으며, 무엇보다도 모든 문의가 영업 전화로 이어졌다. 결국 모든 회사가 우리의 고객이 되었다.

나는 모든 사업에서 이러한 과정을 거쳤다. 그리고 이 과정을 통해 내 사업 아이디어가 타당하고 성공할 가능성이 있다는 확신을 얻게 되었다. 이 시점에서 많은 창업가는 다음 단계가 이 모든 피드백을 받아 100페이지 분량의 사업 계획을 업데이트하고 자금을 조달하는 것이라고 생각한다. 마치 사업 성공의 필수 요소는 시작을 위한 현금이라고 생각하는 것이다. 그렇지 않다. 자금을 조달하는 것이 가장 큰 실수인 경우가 훨씬 더 많다.

대부분 기업가는 자금 조달이 자신에게 어떤 의미인지에 대해 생각하는 경향이 있다. 어떻게 시작할 수 있는지, 얼마나 많은 사람을 고용할 수 있는지, 사무실 공간에 얼마를 지출할 수 있는지, 급여를 얼마를 지급할 수 있는지 말이다. 대부분 사람은 돈을 요구하는 사람이나 회사의 입장에 서는 것을 잊어버린다. 그들은 숫자를 만들어 투자자의 기대 수익률이라고 부르면서 그 사람의 입장을 고려하고 있다고 생각한다.

"X달러만 주시면 Z년 후에 Y퍼센트를
돌려받으실 수 있습니다. XX 년 후에는
2배 또는 3배의 수익이 될 것입니다."

당신이 조금이라도 현명한 투자자라면 이런 숫자는 꾸며낸 것임을 알 수 있다. 이런 수치는 의미가 없다. 더 나쁜 것은, 만약 당신이 현명한 투자자에게 당신의 제품이 시장이 X억 달러이고, 수십억 달러를 벌기 위해서는 1% 또는 몇 퍼센트만 있으면 된다고 말한다면, 당신은 바로 쫓겨날 것이다.

나를 포함한 투자자들은 당신이 모르는 것을 알고 있지만, 당신에게 말해주지 않는다. 여러분이 돈을 요구하는 순간부터, 당신은 그들의 게임에 참여하는 것이지, 그들이 당신의 게임에 참여하는 것이 아니다. 당신은 엄청난 불이익을 당하고 있으며, 그들의 돈을 받으면 상황은 더욱 나빠질 것이다. 일단 돈을 받는 순간부터 지렛대는 투자자에게 완전히 넘어간다. 당신이 아닌 투자자가 당신의 꿈과 운명을 결정한다.

투자자는 당신의 꿈과 목표에 관심이 없다. 투자자들은 당신이 그런 목표를 가지고 있다는 것만 좋아하고, 그것들에 의해 동기를 부여받는 것을 좋아한다. 투자자는 투자금을 어떻게 회수할 수 있는지에만 관심이 있다. 당신의 가족은 당신의 꿈에 관심이 있다. 하지만 투자자는 돈에 관심이 있다. 벤처 캐피털리스트가 종종 '벌처 캐피탈리스트(Vulture Capitalists)'라고 불리는 데에는 이유가 있다.[4] 투자금을 받기 위해 한 약속을 어기는 순간 당신의 꿈은 위태로워

4 쇠퇴하는 기업에서 가치를 창출하려는 투자자. 투자 심리가 위축되어 회사가 최저가에 거래되고 있을 때 급습하여 빠른 턴어라운드를 위해 필요한 모든 조치를 취한 후 매각하여 차익을 실현하는 것이 목표이다.

진다. 투자자를 멀리하기 위해서 온갖 종류의 약속을 하고 있거나 투자자들을 피하는 자신을 발견하게 될 것이다. 그러다 보면 회사의 운영에서 제외되거나 더 이상 영향력을 갖지 못한 자신을 발견하게 될 것이다. 가족이 아닌 사람에게서 돈을 받는 현실은 오직 한 가지 이유, 즉 더 많은 돈을 벌기 위해서이다. 그 약속을 이행하지 못하면 퇴출된다. 자신이 창업한 회사에서도 쫓겨날 것이며 여러분이 꿈꾸던 회사를 다른 사람이 운영하게 될 것이다. 이것이 《더 소프라노스(The Sopranos)》[5]의 한 장면이나 사채업자에 관한 TV 에피소드처럼 들린다면 사실이라고 볼 수 있다. 유일한 차이점은 이 모든 것이 합법적이라는 것이다.

스타트업 창업가에게 합리적인 자본 출처는 자신의 돈과 고객의 돈, 두 가지뿐이다. 나는 개인적으로 가족에게 돈을 받는 일은 절대 없을 것이다. 조카의 대학 학자금이나 할머니의 마지막 휴가비를 날려버려서 부모님, 삼촌, 이모가 겪게 될 영원한 슬픔과 죄책감을 상상할 수 있을까? 그럴 수 없다.

5 미국 HBO방송국에서 총 86부작으로 방영된 미국 드라마

브로드캐스트 닷컴이 된 오디오넷 초창기 토드 와그너와 함께

여러분은 그 누구에게도 돈을 받을 필요는 없다. 사업을 크게 시작할 필요가 없다. 최고의 비즈니스는 창업자의 상황에 맞게 충분히 작게 시작한다. 나는 첫 번째 고객으로부터 500달러의 선불금을 받고 마이크로솔루션즈를 시작했다. 처음 몇 년 동안은 사업이 빠르게 성장하지 않았고, 직원 수는 최대 4명에 불과했으며 모두 저임금으로 일했다.

그래서 뭐가 문제였을까? 아무 문제가 없었다! **천천히 시작해도 괜찮다. 천천히 성장해도 괜찮다.** 현금이 많아지면 모든 것이 달라질 것이라고 생각하고 싶겠지만, 현실은 그렇지 않을 것이다.

실제로 대부분의 사업에 필요한 것은 더 많은 현금이 아니라 더 많은 두뇌이다.

#12 90세가 되면 무엇을 기억하겠는가?

WHAT WILL YOU REMEMBER WHEN YOU ARE 90?

특별한 기회. 당신의 인생에서 그런 기회가 몇 번이나 있을까? 한 번? 백 번? 인생은 알 수 없다는 것이 문제이다. 생각지도 못했던 일이 언제 일어날지 알 수 없다.

나는 엄청난 축복을 받은 사람으로서 내 리스트에서 가장 중요한 것은 숫자나 돈이 아니라는 점을 말하고 싶다. 그것은 내 가족과 내가 즐거웠던 일들이다.

많은 사람이 내가 미쳤다고 생각하거나 유명세를 좇는다고 생각한다. 남들이 어떻게 생각하든 상관없다.

내가 재미있을 것 같다고 생각하는 많은 일을 하기 전

에 나는 자신에게 한 가지 간단한 질문을 던진다. 내가 90세가 되어 내 인생을 되돌아봤을 때 그 일을 한 것을 후회할까, 아니면 하지 않은 것을 후회할까?

인디애나 대학교에 다니던 시절, 술을 마실 수 있는 나이가 되지 않았을 때, 내 친구 에반 윌리엄스(Evan Williams)와 함께 모틀리스 펍을 시작하기 전에 내가 자신에게 던진 질문이 바로 이것이었다. 마이크로솔루션즈를 매각하기 전에도 마찬가지였다. 29살에 아메리칸 항공(Amercian Airline) 평생 이용권을 구입한 후 은퇴하여 세계 여행을 떠나기 전에도 같은 질문을 했다. 매버릭스를 인수하기 전에도 마찬가지였다. ABC의 《베네팩터(The Benefector)》, 《댄싱 위드 더 스타(Dancing with the Stars)》, 《WWE 서바이버 시리즈(WWE Survivor Series)》, 《WWE의 RAW》, 그 밖의 수많은 재미있고 놀라운 일을 하기 전에도 똑같은 질문을 했다.[1] [2] 내가 항상 자신에게 던지는 질문이다. 내게는 그것이

1 2004년 미국 ABC에서 한 시즌 동안 방영된 미국 리얼리티 TV 쇼, 억만장자 기업가이자 댈러스 매버릭스의 구단주인 마크 큐반으로부터 100만 달러를 획득하기 위해 16명의 참가자가 경쟁하는 내용이다.

2 댄스 경연 TV 프로그램 시리즈로 미국, 한국 독일, 이탈리아, 프랑스 등 세계 39개국에서 포맷을 구입하여 방송 중이다.

성공의 일부이다.

내가 90세가 되었을 때 뒤돌아보며 미소 지을 것인가? 아니면 미간을 찌푸리며 후회할 것인가? 성공은 다른 사람이 원하는 모습이 아니라 나 자신에게 맞는 특별한 나만의 삶을 만드는 것이다.

<댄싱 위드 스타즈> 리허설 때 찍은 사진

#13 고객과의 연결

CONNECTING TO YOUR CUSTOMERS

내가 많이 사용하는 고객 서비스 관련 격언이 몇 가지 있다. 평소에는 그 말들을 큰 소리로 사람들 앞에서 말하진 않는다. 대신 나 자신에게 많이 하는 편인데 항상 고객을 최우선으로 생각해야 한다는 것을 상기시키기 위해서이다.

"고객이 여러분을 소유한 것처럼 고객을 대해라. 왜냐하면 고객이 당신을 소유하고 있기 때문이다.", "매일 고객을 다시 찾아야 한다." 그리고 야후(Yahoo!)에서 나온 것도 있는데, 나는 이 말이 정말 훌륭하다고 생각했다. Yahoo!의 약자가 무엇이냐고 물었을 때, 누가 말하기를 "항상 다른 대안이 있다(You Always Have Other Options.).”라고 대답했다.

나는 개인적으로 고객과 소통할 수 있는 유일한 방법은 고객의 입장이 되어보는 것이라고 생각한다. 개인적으로나 스스로가 제품의 고객이 될 수 없다면 회사를 잘 운영할 수 없을 것이다. ‘랜드마크 시어터’ 극장에 갈 때 나는 미리 전화하지 않으며 특별 대우를 받기 위해 간다고 말하지 않는다. 다른 사람들처럼 줄을 서서 티켓 값을 지불한다. 다른 사람들처럼 팝콘과 다이어트 콜라를 받고 다른 사람들처럼 자리에 앉는다.

매버릭스에서는 일반 대중에게 판매되는 좌석에 앉는다. 물론 벤치 옆 좋은 자리지만 시즌 중에는 농구 골대 뒤쪽 맨 윗줄의 2~10달러짜리 좌석에 앉는다. 루틴은 똑같다. 나는 경호원에게 둘러싸여 있지도 않고 특별한 대우를 받지 않는다. 만약 나초가 늦게 나오거나 맥주가 차갑지 않으면 내 주변에 앉은 사람들이 알아서 내게 알려준다.

여러 회사의 다른 많은 CEO들이 어떻게 고객을 행복하게 만드는지 지켜보는 것은 흥미롭다. 경영진이 고객을 어떻게 응대하는지 지켜보면 그들이 회사의 제품이나 서비스를 신뢰하는지 그렇지 않은지를 알 수 있다. 그들은 많은 사람과 함께 여행한다. 모든 것이 완벽한지 확인하기 위해 사전 팀이 있다. 그들은 가족이나 아이들로 구성된 고객들이 있는 장소에 보안을 설치한다. 그리고 전화 또는 이메일 등 비서가 모든 것을 필터링하도록 하여 가능한 모든 상호작용으로부터 자신을 보호하고 오직 미리 쓰인 형식적인 편지 또는 비서를 통해서만 응답한다.

나는 그들이 어떤 식으로 고객들과 소통하는지 모르겠다. 나는 내 이메일을 모든 사람이 볼 수 있도록 공개한다. 그뿐만 아니라 (더 중요한 것은) 모든 고객 서비스 이메일이 내게 전달되도록 하는 것이다. 누군가 불만을 제기하는 경우, 나는 그 내용을 파악하고 신속하게 문제를 해결하고 싶다. 최고의 포커스 그룹은 고객이 직접 자신의 생각을 당신에게 말하는 것이다. 완벽한 회사는 없지만 고객의 직접적인 피드백에 귀를 기울이지 않는 CEO는 회사를 발전시키지 못할 것이다.

하지만 고객과 소통하지 않는 CEO는 거기서부터 상황이 훨씬 나빠진다. 만족 고객은 한 사람에게 자신의 만족도에 대해서 이야기하지만 불만족 고객은 20명에게 자신이 얼마나 불만족스러운지 말한다는 설이 있다. 인터넷 시대에는 회사의 제품이나 서비스에 만족한 고객 한 명이 블로그에 메모를 남기거나 이메일을 전달할 수도 있다. 하지만 불만족 고객은 블로그를 개설하고, 자신이 얼마나 불만족스러운지 글을 쓰고, 검색 엔진에 광고를 게재하여 제품을 찾는 사람들에게 자신이 얼마나 화가 났는지 알리고, 사람들에게 연쇄적인 이메일 보내기 시작하여 해당 제품에 대한 불매 운동을 요청하고, 이에 대한 유튜브 동영상을 제작하여 유튜브에서 가장 많이 본 동영상 상위 10위 안에 들게 한다. 여러분은 이러한 그림을 머릿속으로 상상할 수 있을 것이다.

요즘 같은 시대에는 사후 대응보다 사전에 적극적으로 소통하는 것이 훨씬 쉽다.

#14 불평해도 괜찮다

IT'S OK TO BE A WHINER

나는 투덜거린다. 드디어 인정해야 할 것 같다. 내가 살아온 삶을 되돌아보니 다른 결론을 내릴 수가 없다.

고등학교 시절에는 3학년 때 비즈니스 수업을 들을 수 없다고 투덜거렸고 (3학년만 들을 수 있는 수업) 결국 피츠버그 대학교에 가서 수업을 들었다.

인디애나 대학교에 입학했을 때 학교 측에서 제공하는 수업이 쉽다고 다시 투덜거렸고 1학년 때 몰래 MBA 프로그램에 들어가서 대학원 수준의 통계학을 들었다. 그 후 1학년과 2학년 때 다른 MBA 수준의 수업을 들으면서 어느 수준에서든 경쟁할 수 있다는 자신감을 얻었다.

소프트웨어 판매직에 취직했을 때, 나는 사장에게 매장 바닥 청소를 그만하고 나가서 영업을 마칠 수 있게 해달라고 투덜거렸다. 그 결과 나는 해고되었고, 마이크로솔루션즈 사를 창업하게 되었다.

당시 PC 사용자 들을 서로 연결해 주는 회사가 없다고 불평하던 나는 마이크로솔루션즈 사를 노벨 공유 데이터 시스템(Novell Share Data Systems) 사의 첫 번째 SI업체 중 하나로 만들었고, 이는 1990년 내가 회사를 매각하고 은퇴할 때까지 몇 년간 성장을 거듭하는 비즈니스의 핵심이 되었다.

절친한 친구 토드 와그너와 함께 어울리던 중 인디애나 농구팀 경기나 댈러스 지역 스포츠 경기 방송을 들을 수 없다고 불평하고서는 오디오넷을 시작했고 오디오넷은 나중에 브로드캐스트 닷컴이 되었다.

1999-2000 시즌 댈러스 매버릭스 개막전을 보러 경기장에 갔을 때 나는 경기장의 에너지와 재미가 부족하다고 친구들에게 불평했고 내가 경기장을 더 활기차고 즐거운 분위기나 경험을 만들 수 있다고 생각했다. 그래서 결국 매

버릭스를 인수하게 되었다.

처음 HDTV를 구입했을 때 콘텐츠가 없다고 투덜대던 것이 필 가빈과 함께 HDNet을 시작하게 된 계기가 되었다. 나는 매버릭스를 소유하게 되면서 마케팅부터 관계자에 이르기까지 NBA의 많은 부분에 대해 불만을 제기했고 그것이 변화를 이끌어 냈다. 경기 티켓 판매 방식, 마케팅 방식, 경기 진행 방식, NBA의 일부 부서가 조직되고 관리되는 방식 등이 바뀌었다. 더 나아지기를 원하는 조직에 대해 불평하면 좋은 점이 있다. 그들이 항상 호의적인 반응을 보이는 것은 아니지만 행동이 말보다 더 큰 힘을 발휘할 수 있다.[1]

영화 제작을 시작했을 때 나는 영화가 극장, HDNet, DVD 및 HD-DVD[2]에서 모두 똑같이 개봉할 수 없다는 것이 말이 안 된다고 불평하곤 했다. 그래서 우리는 같은 날, 즉 동시에 영화를 개봉하기 시작했다.

1 본문에서 큐반은 NBA가 불만이나 제안에 항상 긍정적으로 반응하지는 않았지만 피드백을 바탕으로 리그의 다양한 측면에서 변화와 개선을 구현하기 위해 구체적인 조치를 취했음을 말하고 있다.

2 HD 방송 시대에 대응하기 위하여 개발된 디스크 미디어. 블루레이와의 차세대 DVD 전쟁에서 패배하여 사라졌다.

나는 과거에 불평했던 일들이 많았고 앞으로도 불평할 일들이 더 많을 것이라고 확신한다. **왜 그렇게 많은 사람이 불평하는 것이 부정적인 의미가 있다고 생각하는지 모르겠다. 나는 그렇게 생각하지 않는다.**

불평하는 것은 변화를 위한 첫걸음이다. 불평은 무언가 크게 잘못되었음을 깨닫고 이에 대한 조치를 취하기 위해 솔선수범해야 한다는 것을 깨닫는 순간이다. 물론 비판은 대개 이 과정에서 발생한다. 하지만 왜 비판에 대해 신경을 써야 하는가?

미디어 업계에 종사하는 사람들은 불평하는 사람을 '투덜이'라고 부른다. 부정적인 의미로 말이다. 물론 미디어 업계에 종사하는 사람들은 불평하지 않는다. 놀랍게도 미디어 업계 종사자들은 그것이 좋은 일이라고 생각한다.

불평하지 않는 사람은 샌드백이다. 그들은 자신이 할 수 있는 일이 아무것도 없다는 것을 알면서 하루하루 일을 하며 삶을 살아간다. 왜 한마디도 하지 않는가? 그들은 자신이 변화를 일으킬 수 없다는 것을 알기 때문에 불평할 이유가 없는 것이다.

그러니 언제든 나를 '투덜이'라고 불러달라.

#15 저항이 가장 작은 길

The Path of Least Resistance

최근에 사람들이 보고 싶은 것만 볼 것이기 때문에 커뮤니케이션 매체에 관계없이 미래에는 TV가 사라질 것이라는 조지 길더(George Gilder)[1]의 '비전'을 언급한 폴 케이건 (Paul Kagan)의 기사를 읽은 적이 있다.

그는 완전히 잘못된 생각을 하고 있다. 길더의 말이 잘못된 이유는 사업의 기본적인 교훈이다.

"TV는 지루함에서 벗어날 수 있는 가장 저항이 작은

1 경제학과 컴퓨터 산업이 사회에 미치는 영향에 대해서 많은 책을 저술한 미국의 유명한 경제학자 IT 분야의 작가

길이다."라고 말한 사람은 바로 애런 스펠링(Aaron Spelling)이었다. 이 말을 다른 말로 표현하면 가만히 앉아서 아무것도 하지 않는 것보다 TV를 보는 것이 더 쉽다는 뜻이다. 이것이 바로 사람들이 인생에서 대부분 선택을 하는 방식을 정확히 설명한다. 사람들은 쉬운 길을 택한다. 저항이 가장 작은 길을 택한다. 인생에는 우리 모두가 해야 할 일이 있다. 인생에는 우리가 선택해야 하는 일들이 있다. 그리고 다른 모든 일들…. 우리가 시간을 보내기 위해 하는 일들도 있다.

어떤 상황에서든 동일한 조건이 주어지면 우리는 저항이 가장 작은 길을 선택한다. 이 개념을 이해하는 것이 올바른 비즈니스 의사결정을 내리는 데 중요하다.

브로드캐스트 닷컴이 등장했을 때, 공중파 TV에서 볼 수 없는 비인기 스포츠에 대해 브로드캐스트 닷컴이 저항이 가장 작은 길이라는 점이 우리의 장점이라는 것을 잘 알고 있었다. 저녁에 공중파 TV에서 방영될 미식축구경기를 중계할 수 있는 옵션이 있다면 경기가 얼마나 재미있는지는 중요하지 않을 것이다. TV로 보는 것이 더 쉽기 때문에 아무도 온라인 시청을 선택하지 않을 것이기 때문이다.

하지만 대부분 사람이 직장에 있는 평일 오후에 같은 경기가 방영되면 사무실에 갇혀 있는 사람들이 사무실을 몰래 나와 TV를 시청하는 것보다 PC를 통해 청취하는 것이 더 쉽기 때문에 많은 시청자를 확보할 수 있을 것으로 예상했다. 저항이 가장 작은 길인 온라인 시청이나 청취를 통해 콘텐츠를 제공하는 것이 시청자 확보의 핵심이었다.

HDNet 필름(HDNetFilms)이 다양한 요일과 날짜에 영화를 제공하는 주된 이유는 저항이 가장 작은 길이기 때문이다.

데이트를 원하는 커플의 경우 극장에 가는 것이 쉽고 비교적 저렴한 비용으로 함께 저녁을 보낼 수 있기 때문에 가장 저항이 작은 길이다.

영화를 보고 싶지만 어떤 이유로든 집 밖으로 나갈 수 없는 가족에게 가장 저항이 작은 길은 HDNet Movies 또는 당일 배송 DVD를 통해 영화를 보는 것이다. 우리는 사람들이 집에 머물면서 영화를 볼 수 있다면 HDNet에 가입하거나 DVD의 기존 소매 가격보다 더 많은 비용을 지불하거나 그에 맞는 가격 프리미엄을 지불할 것이라고 생각한다. 영화관에 갈 수 없다고 소리치는 아이들을 상대하는 것보다 높은 가격을 지불하고 영화를 보는 것이 훨씬 쉽다. 그래서 우리는 성인 관객을 대상으로 영화를 제작한다. 가급적이면 많은 사람이 집 밖으로 나와 랜드마크 극장에서 영화를 볼 수 있어야 한다. 자녀가 있고 외출할 수 없거나 가처분 소득이 있는 사람들은 보고 싶은 영화를 보기 위해 DVD를 주문하거나 HDNet Movies를 구독할 가능성이 높다. 우리는 타겟 고객층에게 가장 저항이 작은 길로 영화를 제공하려고 한다.

나는 아마존이나 애플, 구글이 성공할 수 있었던 이유가 저항이 가장 작은 길을 택했기 때문이라고 생각한다.

나는 책부터 시작해서 전자제품, 세면도구까지 모든 것을 아마존에서 구매하는데, 매장에 직접 가는 것보다 편리하기 때문이다. 내가 기꺼이 돈을 지불하는 만큼 빨리 우편으로 물건이 도착한다.

나는 아이팟을 구입하여 아이튠즈(iTunes)에 내 신용카드 정보를 등록했다. 이제 음악을 샘플링하고 다운로드하는 데 몇 초밖에 걸리지 않는다. 심지어는 내가 일하는 동안 딸이 들을 수 있도록 더 위글스(The Wiggles)[2]의 음악을 다운로드하기도 했다. 딸이 음악을 듣는데 몰두하여 내 일을 할 수 있으니 가장 저항이 작은 방법이다.

구글은 몇 년 전 검색을 쉽고 간단하게 입력하고 결과를 얻을 수 있게 함으로써 야후를 압도했다. 야후는 홈페이지에서 검색할 수 있지만 디렉토리와 기타 온라인 서비스 중개업체로 연결되는 경우가 많았다. 구글은 간단한 검색을 위해 가장 저항이 작은 길이었다.

TiVo가 성공한 이유는 보고 싶은 프로그램을 아주 쉽게 녹화할 수 있게 해줬기 때문이다. 쇼가 시작되면 버튼 하나만 누르면 된다. 내가 선택한 프로그램만 볼지 아니면 시즌을 구독할지 결정하면 된다. 프로그램 시간 이동에 대해 저항이 가장 작은 길이다.

비즈니스에서 어려운 과제 중 하나는 고객이 제품을 가장 쉽게 체험할 수 있게 하고 가장 쉽게 판매할 수 있는 제품으로 만드는 것이다.

다른 예를 들어보겠다. 나는 가전제품을 많이 구매한다. 원하는 제품에 대한 좋은 아이디어가 있거나 부피가 커서 매장에서 끌고 다니고 싶지 않을 때는 방금 이야기한 것

2 어린이를 위한 음악을 만들고 공연하는 것으로 유명한 호주의 뮤직 밴드

처럼 아마존을 통해 구매한다. 다른 때는 쇼핑하면서 시간을 보내면서 가전제품 업계에서 무슨 일이 일어나고 있는지 살펴보는 것을 좋아한다. 내가 쇼핑하는 곳 중 두 곳에서는 내가 제품을 바로 계산대에 가져갈 수 있다. 간단하다. 내가 쇼핑하던 다른 매장에서는 점원에게 원하는 제품을 말하면 점원이 재고 창고로 가서 판매 라인에 있는 내게 상품을 가져다주었다. 한 줄 또는 두 줄 모두 보통 몇 명 이상씩 줄을 섰다. 나는 더 이상 그곳에 가지 않았다. 다른 사람들에게는 쉬웠을 지 모르지만 내게는 느리고 고통스러운 일이었다.

이 이야기의 교훈은 경쟁사보다 제품을 구매하기 쉽게 만들지 않으면 고객들은 여러분이 아닌 경쟁사로부터 제품을 구매하게 될 것이다.

다시 조지 길더로 돌아와서 이 주제에 대한 결과가 결국 어떻게 될 지 흥미롭게 지켜볼 수 있을 것 같다.

조지 길더와 다른 사람들은 무제한 선택권이 TV의 성배라고 생각하는 것 같다. 그렇지 않다. 그 이유는 무제한으로 제공되는 프로그램 옵션을 일일이 살펴보는 것이 너무 번거롭기 때문이다. 무엇을 보고 싶은 지 생각해야 하는 것은 너무 번거로운 일이다. 우리는 정말 보고 싶었던 콘텐츠를 놓칠까봐 걱정한다. 다시 말해서, 통로가 끝없이 펼쳐진 매장에서 보고 싶은 프로그램을 쇼핑하는 것은 어려운 일이다. 스트레스와 일이 많다. 그렇기 때문에 TV 채널이나 인터넷 서핑을 할 때 동일한 10개, 15개, 20개의 채널 또는 웹사이트를 반복해서 서핑하게 된다. 저항이 가장 작은 길이기 때문이다.

또한 웹사이트가 검색 엔진에서 상위 순위를 차지하기 위해 시스템을 조작하는 이유이기도 하다. 검색 엔진이 찾은 수천 개의 결과를 모두 살펴볼 사람이 없다는 것을 알고 있기 때문이다. 사용자는 첫 페이지에서 선택하거나 몇 페이지를 둘러보기도 전에 스폰서 광고 중 하나를 선택할 것이다.

따라서 길더는 우리가 보고 싶은 것만 볼 것이라고 생각하지만, 우리는 우리가 무엇을 보고 싶은 것이 무엇인지 알지 못하거나 자주 보고 싶은 것이 무엇인지 모르기 때문에 큰 착각을 하고 있다.

수천 개의 온디맨드 TV채널을 선택할 수 있는 상황에서 우리는 검색 엔진을 사용할 때처럼 특정 프로그램을 찾기 위해 TV 프로그램 가이드를 사용하지 않을 것이다. 너무 번거롭기 때문이다. 똑똑한 온디맨드 제공업체는 '프로그램 추천'을 잘하는 아마존이나 넷플릭스와 같은 프로그램 가이드를 제공할 가능성이 높다.

이러한 프로그램 추천 가이드는 이전 시청 결정을 기반으로 사용자가 좋아할 것으로 생각되는 옵션이 포함된 개인화된 페이지가 표시된다. 그런 다음 다양한 카테고리의 프로그램과 각 카테고리 내에서 최고 평점, 가장 많이 본 프로그램, 새로 추가된 프로그램과 함께 브랜드 가이드가 추천하는 '재생 목록'을 볼 수 있다. 시청자는 이 모든 간단한 옵션을 통해 어느 정도의 확신을 가지고 쉽게 선택할 수 있으며 무언가를 놓치고 있다는 느낌이 들지 않을 것이다.

프로그램이 마음에 들지 않으면 다른 선택을 쉽게 찾을 수 있는 지점으로 빠르게 돌아갈 수 있다. TV가 지루함에서 벗어날 수 있는 최고의 대안이라는 애런 스펠링의 말은 정확히 맞는 말이다. 향후 온디맨드 콘텐츠 제공업체는 사용자 인터페이스를 고안할 때 이 점을 기억해야 할 것이며, 모든 비즈니스도 이를 기억해야 한다.

누구나 저항이 가장 작은 길을 따른다.

#16 일자리가 필요한가?

NEED A JOB

"No", 채용하지 않는다.

나는 수백 통의 이력서와 구직에 대한 조언을 구하는 이메일을 받는다. 대부분 스포츠 관련 직종에 취직하고 싶은 사람들이 보내오는데, 자신이 어떻게 하면 좋을지 알고 싶어 한다.

그 방법은 다음과 같다.

1. 스포츠 마케팅을 전공하지 마라

DON'T MAJOR IN SPORTS MARKETING

솔직히 말해서, 모든 스포츠 마케팅 프로그램이나 거기서 파생된 교육 과정은 엄청난 시간과 자원 낭비라고 생각한다.

스포츠 마케팅은 2000년대 버전의 '운동선수를 위해 개설된' 교과 과정이거나 체육 교육 전공이다. 많은 학생들이 다음과 같이 말하며 스포츠 마케팅을 전공으로 선택한다.

"전공하고 싶은 분야가 떠오르지 않아. 근데 스포츠 관련 일이 좋게 보여… 따라서 난 스포츠 마케팅을 전공으로 선택할 거야."

모든 사람에게 기회가 완전히 공평하지는 않다는 것을 알고 있다. 그건 광범위한 일반화이다. 하지만 내 입장에서 생각해보면 확실히 그런 것 같다.

그래서 나는 모든 스포츠 마케팅 전공자에게 한 가지 비밀을 알려드리겠다. 스포츠 조직을 운영하거나 관리하거나 일하는 데 있어 특별하거나 다른 점은 전혀 없다. 제품이나 서비스 또는 모든 종류의 엔터테인먼트를 판매하는 다른 회사들과 똑같은 방식으로 운영된다.

스포츠 단체에서 일하고 싶다면 가능한 한 폭넓은 비즈니스 교육을 받도록 해라. 재무, 회계, 영업, 더 많은 영업, 더 많은 영업, 매니지먼트 등에 대한 교육을 받아라. 고객과 고객의 업무 방식을 더 잘 이해할수록 스포츠 조직에 더 나은 가치를 제공할 수 있다. 다시 말하지만, 스포츠 비즈니스의 운영 방식보다 고객의 비즈니스가 어떻게 운영되는지 아는 것이 더 중요하다.

우리가 하는 일은 간단하다.

2. 팔 수 있으면 언제 어디서든 일자리를 얻을 수 있다.

IF YOU CAN SELL, YOU CAN GET A JOB - ANYWHERE, ANYTIME

내가 어렸을 때 팔 줄 알면 취직할 수 있다는 말을 반복해서 들었다. 물론 고등학교 때 어머니의 친구가 내게 "나도 의지할 수 있는 직업이 있어야 한다."라고 말한 후에도 그런 말을 들었다. 그는 내게 카펫 까는 법을 가르쳐 주려고 했다. 나의 처음이자 마지막이자 유일한 경험은 그를 위해 일하면서 그가 고개를 절레절레 흔들며 내가 깐 카펫을 뜯어내는 것을 보는 것이었다.

하지만 본론으로 들어가자. 영업은 평생 할 수 있는 일이라고 누가 말했는지 기억나지 않지만, 그 말이 맞다.

판매할 수 있다면 스포츠 분야에서 일자리를 찾을 수 있다. 나는 배려심이 많고 참여도가 높으며 스포츠 경영학 석사 학위 이상의 세일즈를 할 수 있는 고등학교 중퇴자를 거의 매번 채용한다.

좋은 영업사원의 조건은 무엇인가?

분명히 말하지만, 누군가를 설득할 수 있는 사람은 말 잘하는 사람이 아니다. 부드러운 말솜씨로 고객의 결정을 내리도록 재촉하는 사람이 아니다. 최고의 영업사원은 고객의 입장에서 생각하고 고객이 만족할 수 있는 솔루션을 제공하는 사람이다.

"**최고의 영업사원**은 고객이 신뢰하고 의심할 필요가 없는 사람이다."

(The best salesperson is the one the customer trusts and never has to question.)

"**최고의 영업사원**은 전화 영업을 할 때마다 누군가를 도울 수 있다는 사실을 아는 사람이다."

(The best salesperson is the one who knows that with every cold call made, he is closer to helping someone.)

"**최고의 영업사원**은 고객의 만족을 통해 엄청난 만족감을 얻는 사람이다."

(The best salesperson is the one who takes immense satisfaction from the satisfaction her customer gets.)

"**최고의 영업사원**은 매일 아침 일찍 일어나 사무실에 출근하여 전화를 받고 사람들에게 자신의 제품, 직업 및 고객을 사랑하는 이유를 정확히 알려주는 사람이다."

(The best salesperson is the one who wakes up early every morning excited to come to the office, get on the phone and let people know exactly why he loves his product, job and clients.)

진부하게 들리나? 그렇다. 또한 매우 간단하다.

그리고 모든 회사에서 가장 중요한 업무이기도 하다. 매출 0원으로 살아남은 성공한 기업은 아직 없다.

그렇다면 영업이 회사에서 가장 중요한 직무라면 왜 이 직업을 원하는 사람들이 계속 줄어드는 것일까?

'영업 및 마케팅(sales and marketing)'이 아닌 '세일즈맨십(salesmanship)' 교과 과정을 제공하는 대학이 많지 않은 이유는 무엇일까? 그냥 순수하게 옛날 방식으로 판매만 할까?

직장이 없거나 원하는 직업을 찾지 못했다면 영업직에 취업해라. 이 지구상의 모든 사람은 훌륭한 영업사원이 되는 법을 배울 수 있다. 당신은 당신의 회사와 잠재 고객 그리고 현재 고객에 대한 관심과 노력을 기울이기만 하면 된다.

영업 능력이 뛰어나면 스포츠 업계에 취업하는 것은 쉽다. 하지만 당신의 영업 실력이 뛰어나다면 현재 근무하는 회사에서 당신을 잡기 위해 최선을 다할 것이라고 확신한다.

#17 거절을 받아들이는 것과 다른 비즈니스 실수들

TAKING NO FOR AN ANSWER AND OTHER BUSINESS MISTAKES

누군가 내게 제품이나 서비스 또는 아이디어를 제안하면서 이렇게 반박할 때면 항상 웃음을 참기 힘들다. "'No'라는 대답은 듣지 않겠어요." 또는 더 나아가 "'No'라고 말하실 건가요?"라고 말이다. 내가 지금 바로 그 질문에 답하겠다.

물론 나는 "No"라고 말하는 것을 100% 당연하게 생각한다. 나는 성공할 거라는 기대를 갖고 고객들에게 좋은 제품과 서비스를 판매하려고 노력한다. 누군가에게 이러한 제품을 판매할 때 상대방이 "No"라고 대답하면 나는 항상

"시간을 내서 듣고 읽어 주셔서 감사합니다. 제품에 대해 마음에 들지 않았던 점이나 선택한 제품이 마음에 드는 이유를 말씀해 주시겠습니까?"라고 묻는다. 그리고 상대방의 반대 의견에 대해 내게 좋은 반박 의견이 있으면 나는 그 의견을 말하고 어떤 일이 일어나는지 지켜본다.

그래도 고객이 내 노력에 여전히 부정적인 반응을 보인다면 그냥 넘어가야 한다. 언젠가는 그 때가 올 것이며 그 시점이 빨리 와야 한다. 좋은 제품이나 서비스 또는 아이디어가 있다면 그 가치를 이해하고 그 제품을 원하는 사람들이 있을 것이다. 어떤 이유든 그 제품을 원하지 않는 사람들을 계속 밀어붙인다면 여러 가지 실수를 저지르고 있는 것이다.

1. 제품을 원하지 않는 사람들을 밀어붙인다면 여러분과 잠재 고객의 시간을 낭비하고 있는 것이다. 시간을 낭비한다는 것은 다음 잠재 고객에게 판매하지 않는다는 것을 의미한다. 항상 자신에게 하는 말을 기억해라: "모든 거절은 'Yes'에 더 가까워진다." 이미 제품이나 서비스 또는 아이디어를 구매하지 않을 것으로 알고 있는 사람

들과 더 많은 시간을 낭비하는 대신 제품을 구매할 가능성이 있는 사람과 소통을 시작해야 한다.

2. 거절 의사를 밝힌 사람들을 더 많이 밀어붙일수록 절박해 보일 가능성이 높아지며, 이러한 절박함은 영업사원으로서의 브랜드와 제품 브랜드에 영향을 미친다. '버드 폭스(Bud Fox)'에게 효과가 있었다고 해서 여러분에게도 효과가 있을 거라는 보장은 없다. 그건 영화일 뿐이다.[1]

3. 이는 두려움과 게으름의 신호이다. 요건을 갖춘 잠재 고객을 찾으려면 노력이 필요하다. 또한 다음에 무슨 일이 일어날지 모른다는 두려움을 극복하기 위해서는 용기가 필요하다. 매일 또는 심지어 매시간 누군가에게 이메일을 보내는 것은 매우 쉽다. 게으른 사람은 2초 동안만 시간을 내어 재전송 버튼을 클릭하는 게 전부다. 반면 똑똑하고 집중력이 뛰어나고 성공적인 영업사원은 다음 고객

1 영화 <월 스트리트(Wall Street)>에 등장하는 주인공이다. 야심 찬 증권 브로커인 버드 폭스는 고든 게코(마이클 더글라스 역)을 만나 고객을 확보하기 위해 공격적인 전술을 배우고 사용한다.

을 찾기 위해 필요한 준비를 하고 숙제를 할 것이다. 이는 자신감의 표시이다.

자신이 하는 일에 대한 확고한 신념이 있다면 다음 고객을 찾아 당신이 판매하는 제품, 서비스 또는 아이디어가 얼마나 놀라운지 보여주는 것은 즐겁고 신나는 일이 될 것이다. 지난번 고객이 그것을 얻지 못했다면 그것은 그 사람의 문제이지 여러분의 문제가 아니다.

성공한 비즈니스맨들은 그런식으로 일한다. 여러분은 어떻게 하는가?

#18 경기 불황 속에서 살기

다시 말해 쌍욕이 나올 때 해야 할 일

LIVING IN A TENSE ECONOMY,
AKA SOMETIMES YOU HAVE TO SAY "WTF!"

올해는 WTF의(쌍욕이 나오는) 해이다. 사실, 올해는 WTF의 10년이라고 할 수 있다. "WTF!"

육두문자를 쓰게 된 이유는 중요하지 않다. 당신이 해고당했거나 이미 해고당했을 수도 있다. 또는 당신의 회사가 폐업했거나 더 이상 견딜 수 없어서 다니던 회사를 그만뒀을 수 있다. 학교를 이제 막 졸업하고 다른 룸메이트 12명과 함께 '호텔'이라 부르는 허름한 고시원이나 아파트에 강제로 들어가서 살아야 하는 상황보다 더 나쁠 수도 있다. 이유가 무엇이든, 문제는 이 최악의 시간을 어떻게 좋은 일의 시작으로 바꿀 수 있을까? 따라서 여러분에게 WTF (쌍욕이 나올 때) 할 일 리스트를 알려드리려고 한다.

1. 학생처럼 살아도 괜찮다는 것을 인식해라

RECOGNIZE THAT IT'S OKAY TO LIVE LIKE A STUDENT

거주 지역은 중요하지 않다. 어떻게 사는지는 중요하지 않다. 어떤 차를 운전하는 지도 중요하지 않다. 어떤 옷을 입는지도 중요하지 않다. 이러한 것들은 문제가 아니다. 가장 큰 적은 당신의 이름 앞으로 날아들어오는 청구서이다. 빚이 많을수록 스트레스를 더 많이 받는다. 청구서 때문에 스트레스를 많이 받을수록 목표에 집중하기가 더 어려워진다. 게다가 월 소득 요건을 너무 높게 설정하면 많은 기회를 놓치게 된다. 생활비가 낮을수록 선택의 폭이 넓어진다. 이 점을 기억해라.

2. 많은 기회를 잡아라

TAKE LOTS OF CHANCES

당신이 낮은 비용으로 생활하고 있고 미래가 어디에 있는지 알아볼 준비가 되었다면 지금이 바로 무엇이든 시도할 때이다. 쌍욕이 나오는 시기는 새로운 업계에서 일하기 위해 두려움을 극복하는 것을 뜻한다. 그것은 당신이 좋아하는 일을 찾기 위해 다양한 일을 시도하는 것을 의미한다. 여러 개의 직업을 동시에 가져보거나 자주 직업을 바꾸는 것은 불가능한 일이 아니다. 지금과 같은 경제 상황에서는 일자리를 구하는 것이 불가능하지는 않더라도 어렵기 때문에, 여러분은 스스로 기회를 창출하기 위해 열심히 노력해야 한다.

기회를 창출한다는 것은 남들이 주목하지 않는 곳을 살피는 것을 뜻한다. 주변의 다른 친구들이 주목하는 곳에서 벗어나 다른 곳을 봐라. 평범하지 않은 직업과 비즈니스 목록을 작성해라. 여러분의 열정을 따라 스포츠, 영화, TV, 《걸스 곤 와일드》 비디오 촬영 등 친구들이 좋아할 만한 분야에서 일하고 싶다는 것을 알고 있다. 하지만 왜 사람들이

몰린 곳에서 싸워야 하나? 사람들이 없는 곳으로 가라. 첫사랑에 실연당한 후 다시 사랑에 빠질 거라고 생각하지 못했던 것처럼, 좋아하는 다른 업종이나 직업을 찾게 될 것이다. 여러분의 리스트에 있던 일들을 다른 일들로 바꿔보길 권한다. 그런 다음 새로운 일을 해볼 준비를 하고 정말 열심히 일해라.

경기가 불황일 때는 정말 숫자 게임이다. 여러분은 여러분에게 문이 열릴 수 있는 모든 일자리에 계속 지원해야 할 것이다. 절대 속도를 늦출 수 없다. 일자리를 찾는 것은 힘든 일이다! 만약 생활비를 감당해야 하거나, 주간 일자리를 찾거나 원하는 일자리를 유지하기 위해 야간에 다른 일을 해야 한다면 그렇게 해라. 웨이터, 야간 청소부, 세탁, 청소기 방문 판매 등 어떤 일이든 해야 한다면 무엇이든 하면서 그 일이 훗날 여러분의 미래의 문을 열어줄 것이라고 자신에게 다짐해라.

그런 다음 일자리를 찾으면 그냥 즉흥적으로 그 일을 할 것이라고 자신에게 다짐해라. 누구나 방금 구한 일자리의 밝은 면을 항상 볼 수 있다. 여러분도 그래야 한다. 방금 구한 새 직장이 정말 훌륭할 것이라고 생각했다면 그 직장은 생각대로 정말 멋질 것이며 아마도 3개월 동안은 그렇게 느낄 것이다. 그러다가 그 직장이 그다지 훌륭하지 않다는 것을 깨닫고 다른 좋은 일을 찾아야 할 것이다. 괜찮다. 매번 옳을 필요는 없다. 한 번만 옳으면 된다. 적합한 직업을 찾는 것은 이성과의 데이트와 매우 비슷하다. 시작하기 전에는 어렵고, 막상 시작할 때는 정말 좋다 가도 나중엔 그렇지 않다. 그러다가 잘 맞는 직업을 찾을 때까지는 정말 답답하다. 막상 여러가지 일을 계속 시도하다 보면 결국 모든 것이 제자리를 찾게 된다.

3. 적합한 직무에 종사하고 있는지 파악해라

FIGURE OUT IF YOU ARE IN THE RIGHT JOB

자신이 적합한 직업에 종사하고 있는지 아는 것은 정말 쉽다. 하지만 연봉이 중요하다면 정말 좋아하는 일을 하고 있지 않은 것이다. 많은 돈을 벌지 말라는 이야기가 아니다. 많은 돈을 벌기 위해 노력하지 말라는 이야기도 아니다. 그게 문제가 아니다. 문제는 여러분이 자신의 일을 진정으로 사랑하는지 여부이다. 자신이 하는 일을 너무 사랑해서 그 일을 계속하기 위해 학생처럼 계속 살 의향이 있다면 당신은 천직을 찾은 것이다.

4. 최고가 되는 방법을 찾아라

FIGURE OUT HOW TO BE THE BEST

당신이 좋아하는 일을 찾았다면 오직 단 하나의 목표만이 있을 뿐이다. 즉 그 분야에서 세계 최고가 되는 것이다. 서류 정리 직원, 운동선수, 회계사, 바텐더 중 어느 쪽이든 상관없다. 중요한 것은 최고가 되기 위해 최선을 다하는 것이다. 물론 '최고'라는 단어는 상대적인 말이다. 자신의 능력을 평가할 때 절대 믿어서는 안 되는 사람은 누구일까? 바로 당신이다. 여러분은 자신의 능력을 판단하는 데 있어 최악의 평가자이다. 자기 평가는 결코 성공할 수 없다. 여러분이 어떤 분야에서 최고가 되면 여러분의 서비스에 대한 수요가 늘어날 것이다. 사람들은 최고를 고용하기를 원하고 최고와 연관되기를 원한다. 2012년의 경제 상황에서는 많은 사람이 직업과 업종을 바꾸고 소셜미디어와 다른 온라인 네트워킹 수단을 통해 인맥을 유지하는 것이 훨씬 쉬워졌기 때문에, 여러분을 필요로 하는 사람들이 여러분을 찾을 수 있고 찾을 것이다. 따라서 사람들에게 자신이 최고라고 설득하기보다는 당신이 해온 일의 퀄리티가 그 말을 대신하도록 해라.

5. 긍정적인 태도로 의욕적으로 하루를 시작해라

START THE DAY MOTIVATED WITH A POSITIVE ATTITUDE

여러분은 실수할 수 있다. 우리 모두 그렇다. 나는 몇 번이나 실수했고 앞으로도 실수할지 모른다. 실수는 너무 자주 일어난다. 하지만 무슨 일이 있어도 매일 아침 눈에서 눈곱을 닦아낸 순간, 하루의 매 순간을 즐길 것이라고 자신에게 다짐해라.

여러분은 20번의 인터뷰를 즐기게 될 것이다. 더운 날씨에 면접이 끝나고 룸메이트가 데리러 올 때까지 기다리는 것도 즐거울 것이다. 여러분의 옷깃이 얼마나 닳았는지, 하나밖에 없는 넥타이를 매는 것이 얼마나 지겨운지 깨닫는 것을 즐기게 될 것이다. 목표와 꿈을 좇는 과정에서 겪어야 하는 모든 헛소리들을 훗날 모두 기억하고 싶어 할 것이기 때문에 지금 이 순간을 즐기게 될 것이다. 모든 경험이 동기부여가 되어 마침내 모든 것을 이루었을 때 좋은 추억을 선사할 것이다. 당신의 선택이다. 어떻게 할 것인가?

#19 고객의 말을 절대 들어서는 안 되는 이유

WHY YOU SHOULD NEVER LISTEN TO YOUR CUSTOMERS

다음 문장은 모든 기업가가 기억해야 할 테크 업계의 선구자 앨런 케이(Alan Kay)의 명언이다.[1]

"The best way to predict the future is to invent it"
(미래를 예측하는 가장 좋은 방법은 미래를 발명하는 것이다.)

1 그래픽 유저 인터페이스(Graphical User Interface, GUI)와 객체 지향 프로그램(Object Oriented Programming, OOP)을 개발한 미국의 컴퓨터 공학자

나는 한때 동일한 제품군에서 최고의 제품만 제공할 뿐만 아니라 기술적으로도 경쟁사보다 훨씬 앞서 있던 회사와 함께 일하고 있었다. 이 회사는 더 나은 서비스 제공 방식을 개발했고 고객들은 이 회사가 제공하는 제품이나 서비스를 선호하고 비용을 지불했다. 그러다 치명적인 실수를 저질렀다. 고객에게 제품에서 어떤 기능을 원하는지 물어보고 그 기능을 제공한 것이다. 안타깝게도 이 회사의 경쟁사들은 고객이 원하는 것이 무엇인지 묻지 않았다. 대신 그들은 사업을 다른 방식으로 수행하여 궁극적으로 더 나은 결과를 얻을 수 있는 비전을 가지고 있었다. 고객은 신제품을 보기 전까지는 신제품에 대한 가치나 필요성을 느끼지 못한다.

하지만 막상 새로운 제품을 사용해 보고 나서 마음에 들어 했다. 그렇다면 경쟁사가 한 일을 보고 '우리' 회사는 어떻게 했을까? 우리는 고객에게 제품에서 원하는 것이 묻는 실수를 또다시 반복했다. 당연히 고객은 다른 제품에서 좋아했던 기능으로 응답했다.

이 회사는 경쟁 우위를 개선하지 않았다. 고객을 만족시키기 위한 노력의 회전문에 스스로 빠져든 것이다. 설상

가상으로 '미래의 발명'에 투입할 수 있는 자원과 인력이 오히려 회사를 과거에 묶어 두는 기능에 소비된 것이다.

기업가는 고객이 모르는 것을 알게 하는 것이 고객의 몫이 아니라는 점을 항상 명심해야 한다. 다시 말해서 고객은 자신의 업무를 수행하는 것만으로도 충분히 힘든 시간을 보내고 있다. 그들은 자신이 속한 업계나 업무 수행 방식을 재창조하기 위해 시간을 할애하지 않을 것이다. 물론 가끔 예외적인 경우도 있다. 하지만 고객 중에서 그런 사람을 찾는데 회사를 걸 수는 없다. 대신 모든 기업가가 해야 할 일 중 하나는 미래를 발명하는 것이다. 나는 이를 '직접 내 발로 뛰기(Kicking your own ass)'라고 부르기도 한다. 누군가 여러분의 사업을 망하게 하려고 한다. 여러분보다 더 좋은 아이디어를 가지고 있다고 생각하는 누군가가 있다. 당신보다 더 나은 솔루션, 당신보다 더 우수하거나 더 효율적인 제품, 나보다 더 잘해서 '내 엉덩이를 걷어차 버릴 수 있는' 사람이 있다면, 회사 오너로서 여러분이 해야 할 일의 일부는 그들보다 앞서 직접 발로 뛰는 것이다.

고객들은 여러분의 제품에 어떤 문제점이 있는지 그리고 그들이 어떻게 만족하기를 원하는지 알려줄 수 있다. 그들의 말에 귀를 기울여라. 고객을 행복하게 만들어라. 하지만 제품이나 서비스의 로드맵을 만드는 데 고객에게 의존해서는 안된다. 그것은 여러분의 몫이다.

#20 마크 큐반의 12가지 스타트업 규칙

TWELVE CUBAN RULES FOR STARTUPS

회사를 창업한 사람이라면 누구나 자신만의 규칙과 가이드라인이 있을 테니, 나도 나만의 규칙들을 메모에 추가해볼까 한다. 다음 '규칙'들은 회사를 창업한 사람들뿐만 아니라 일자리를 찾는 분들에게도 도움이 될 것이다.

1. 집착이 있고 좋아하는 일이 아니라면 회사를 창업하지 마라.

2. 당신에게 출구 전략이 있다면 그것은 집착이 아니다.

3. 당신의 회사에서 일하고 싶어 할 것 같은 사람을 고용해라.

4. 매출은 만병통치약이다. 회사의 수익 창출 방법과 실제로 매출을 발생시킬 수 있는 방법을 찾아라.

5. 핵심 역량(Core Competencies)을 파악하고 그 역량을 발휘하는 데 집중해라. 핵심 역량을 갖춘 인재에게 돈을 지불해라. 최고를 확보해라. 핵심 역량 외에는 회사 문화에 맞으면서도 급여가 적게 드는 직원을 고용해라.

6. 에스프레소 머신? 지금 장난하나? 에스프레소 머신에 돈을 쓰려거든 자신에게 발등을 찍어라. “Coffee is for closer (커피는 성과를 달성한 사람들을 위한 것이다).”[1] 탄산음료는 무료이다. 점심시간은 사무실에서 나와 수다를 떨 수 있는 기회이다. 하루는 24 시간이며 자신의 일

---

1 ‘커피는 성과를 달성한 사람들을 위한 것이다(coffee is for closers)’라는 문구는 부동산 중개회사의 영업사원들을 주인공으로 한 영화 <글렌 개리 글렌 로스(Glengarry Glen Ross)>의 주인공인 본사 파견 직원 블레이크(알렉 볼드윈 역)이 실적 부진 사원들에게 한 말을 인용한 것이다. 이 대사는 성과(매출)를 달성한 사람만이 그러한 특권을 누릴 자격이 있음을 뜻한다.

을 좋아하는 사람이라면 24시간 중 최대한 많은 시간을 업무에 사용할 수 있는 방법을 찾을 것이다.

7. "오피스는 없다." 개방된 오피스는 모든 사람이 무슨 일이 일어나고 있는지 알려주고 활기찬 분위기를 유지할 수 있다. 프라이버시에 민감한 직원이 있다면 화장실 사용법을 알려줘라. 스타트업에 사적인 공간은 없다. 이는 스타트업을 성공적으로 운영할 수 없는 경영진을 고용하지 않는 좋은 방법이기도 하다. 나의 가장 큰 두려움은 항상 제국(위계적이고 관료적인 조직)을 건설하려는 사람을 고용하는 것이다. 그 사람이 일등석 비행기 티켓을 원하거나 개인 비서를 데려오고 싶어한다면 도망쳐라. 경영진이 '세일즈 콜(Sales Call)'[2]에 응하지 않겠다고 하면 도망쳐라. 그들은 제국 건설자이며 회사를 오염시킬 것이다.

2 회사의 영업사원이나 담당자가 잠재 고객이나 고객에게 연락하여 제품이나 서비스를 소개하고, 논의하고, 홍보하는 과정을 말한다. 세일즈 콜은 전화 통화, 화상 통화, 대면 회의 등 다양한 형태로 이루어질 수 있다.

8. 소프트웨어에 관해서는 당신이 아는 것을 사용해라. 그것이 항상 가장 저렴한 방법이다. 당신이 애플을 알고 있다면 사용해라. 만약 윈도우 비스타(Windows Vista)[3]를 알고 있다면…. 그 이유를 자신에게 물어보고 사용해라. 당신의 회사는 스타트업이고 직원도 몇 명 안 된다. 사람들이 아는 것을 사용하게 해라.

9. 조직을 수평적으로 유지해라. 스타트업에서 관리자가 또 다른 관리자에게 보고하면 실패할 것이다. 회사가 스타트업 단계를 지났을 때 회사 관리자가 또 다른 관리자에게 보고한다면 사내 정치를 만들게 된다.

10. 절대로 절대로! 회사 판촉물이나 홍보용 선물에 돈을 쓰지 마라. 스타트업이 실패할 것이라는 확실한 신호는 누군가가 회사 로고가 새겨진 폴로 셔츠를 보내오는 경우이다. 직원들이 기업 박람회에 참석하거나 공공장소에 있는 경우 직원들을 위해 구입하는 것은 괜

3 마이크로소프트 사가 2007년에 출시한 운영체제. 윈도 XP의 후속 버전이었으며 그 뒤를 이어 윈도 7, 8, 10, 11이 출시되었다.

찮지만, 정말 누군가가 외출할 때 YoBaby.com 이 새겨진 폴로 셔츠를 입을 것이라고 생각한다면 착각이며 당신은 돈을 어떻게 써야 할지 모르는 것이다.

11. 절대로 절대로! 홍보 회사를 고용하지 마라. 홍보 회사는 여러분이 이미 읽고 있는 출판물, 여러분이 이미 시청하고 있는 프로그램, 여러분이 이미 검색하고 있는 웹사이트의 사람들에게 전화나 이메일을 보낼 것이다. 홍보 회사 사람들은 당신 회사의 연락처가 아닌 자신의 이메일을 공개한다. 당신의 분야와 관련된 정보를 읽을 때마다 그 정보를 게시하는 사람의 이메일을 받아 당신과 회사를 소개하는 메시지를 보내라. 그들의 임무는 새로운 것을 찾는 것이다. 그들은 홍보성 글보다 창업자의 이야기를 듣고 싶어할 것이다. 담당자와 소통을 시작하면 업계에 대한 질문에 답할 수 있도록 자신을 오픈하고 그들의 정보원이 되어라. 당신이 똑똑하다면 그들은 당신을 이용할 것이다.

12. 직원들이 즐겁게 일할 수 있도록 해라. 직원들의 스트

레스 수준과 성취도를 지속적으로 파악하고 보상을 제공해라. 첫 회사였던 마이크로솔루션즈에서 나는 기록적인 매출을 달성하거나 누군가 특별한 일을 해냈을 때 영업사원들에게 100달러 지폐들을 나눠주곤 했다. 브로드캐스트 닷컴과 마이크로솔루션즈의 회사 술자리에서 가미카제 샷을 마셨는데 가끔 직원들을 술집에 데려가서 각 직원 마다 한 잔씩 또는 모든 직원에게 열 잔씩 사주곤 했다. 마이크로솔루션즈에서는 공급업체 관계자들이 술값을 부담하는 경우가 많았다. 공급업체들은 항상 좋은 파티를 좋아한다.

#21 마크 큐반의 12가지 성공 철학

TWELVE CUBAN MANTRAS FOR SUCCESS

1. 돈보다 소중한 시간

TIME IS MORE VALUABLE THAN MONEY

시간을 현명하게 사용하고 능동적으로 활용하는 방법을 배워야 한다. 시간을 얼마나 현명하게 사용하느냐는 그 어떤 돈보다 여러분의 삶과 성공에 훨씬 더 큰 영향을 미친다.

2. 무작위로 친절을 베풀기

COMMIT RANDOM ACTS OF KINDNESS

성공한다는 것은 사람들과 잘 지낼 수 있을 뿐만 아니라 무언가를 돌려줄 수 있어야 한다는 것을 의미한다. 혼자서 정상에 오를 수 있는 사람은 아무도 없으며, 우리 모두는 주변 사람들을 미소 짓게 할 수 있어야 한다고 믿는다.

3. 배짱이 없으면 성공할 수 없다.

NO BALLS, NO BABIES

한 블랙잭 딜러가 내게 "히트 또는 스틱(Hit or Stick)"을 물어봤을 때 했던 말이다.[1] 내가 가장 좋아하는 말이기도 하고 내 자신에게 가장 많이 하는 말이기도 한다. 모든

1 카드게임인 블랙잭에서 흔히 사용되는 말로 플레이어가 두 장의 카드를 받은 후 '히트(Hit)' (다른 카드를 받음) 또는 '스틱(Stick)' (현재 합계를 유지하고 더 이상 카드를 받지 않음) 두 가지 중 하나 선택할 수 있다. 블랙잭의 목표는 손에 쥔 카드의 숫자 총합이 21이 넘지 않고 가능한 한 21에 가깝게 만드는 것이다. 플레이어가 자신의 패를 좋게 만들기 위해 다른 카드를 가져갈 것인지 아니면 현재 자신의 핸드 카드의 합계를 유지하여 21이 넘는 숫자가 나와 패배할 위험을 감수할 것인지 결정해야 하는 것이다. 본문에서 "Hit or Stick"은 사업가가 잠재적인 이득을 위해 위험을 감수할 것인지(Hit), 아니면 안전하게 플레이하고 현상 유지(Stick)를 할 것인지에 대한 결정을 내리는 것을 은유적으로 표현한 것이다.

준비가 끝났고 모든 면에서 준비가 되었다고 생각되면 바로 실행에 옮겨야 한다. "No balls, no babies(배짱이 없으면 성공할 수 없다)"

4. 열심히 일하고, 열심히 놀기

WORK HARD, PLAY HARD

나는 7년 동안 휴가 없이 일했지만 정말 즐거운 시간을 보냈다. 스트레스를 날려버릴 방법을 찾아야 당신의 엔진이 고장 나지 않을 수 있다.

5. 두려움이 장애물이 되지 않도록 해라.

DON'T LET FEAR BE A ROADBLOCK

두려움을 장애물로 삼거나 동기 부여로 활용할 수 있다. 항상 나와 경쟁하는 사람이 있을 것이고, 때로는 그들이 이길 수도 있다. 실패가 두려워서 무언가를 하지 않는 대신 도전을 받아들여라. 실패하더라도 다시 일어나서 다시 도전해라. 나는 대부분 사람보다 더 많은 직장에서 해고당했다! 성공을 향한 여정에서 몇 번이고 실패할 수 있지만, 단 한 번만 제대로 해내면 된다.

6. 예기치 못한 상황을 염두에 두고 항상 대비해라.

EXPECT THE UNEXPECTED, AND ALWAYS BE READY

아침에 일어나면 누군가가 당신에게 모두가 레모네이드를 팔 것이고 가장 많이 파는 사람이 승자가 될 것이라고 말하진 않을 것이다. 진실은 정반대이다. 인생은 예측할 수 없다.

기회의 창은 언제 열릴지 닫힐지 알 수 없다. 이 사실을 깨닫고 게임이 진행되고 있다는 것을 항상 알고 있어야 한다. 여러분이 이루고자 하는 것이 무엇이든 그러한 기회가 한 곳에서 당신이 찾기를 기다리지 않을 것이다. 진실은 정반대이다. 누구나 성공하기 위해 필요한 것을 내면에 가지고 있다. 기회가 왔을 때 자신이 가진 능력을 발휘할 준비가 되어 있어야 한다.

7. 소리를 지르거나 혼나도 괜찮다.

IT'S OKAY TO YELL AND BE YELLED AT

내가 가진 규칙 중 하나는 사람들이 언성을 높이거나 약간 소리를 질러도 상관없다는 것이다. 마이크로솔루션즈에서 파트너인 마틴과 나는 종종 격한 언쟁을 벌이기도 했다. 마틴과의 언쟁은 항상 짧은 순간이었지만 자주 일어나지는 않았다. 그런 일이 일어날 때마다 나와 마틴, 우리 둘 다 사업에 열정을 쏟고 있는 것이 문제라는 것을 알았다.

하지만 내 사업이 성장하면서 사람들이 내 결정을 더 자주 따르기 때문에 그런 일은 점점 줄어들고 있다. 나는 그게 싫었다. 누군가가 무언가에 대해 확고한 신념을 가지고 있고 내가 그것에 열정을 쏟고 있다면, 그들도 내 열정의 수준에 맞춰주었으면 좋겠다고 생각했다.

그래서 나는 사람들에게 그것이 나를 이해시킬 수 있는 유일한 방법이라고 생각한다면 그렇게 하라고 말했다! 이 방법이 미국 기업에서는 효과가 없을 수도 있지만, 규모에 상관없이 가족 사업이나 한두 명의 파트너가 있는 개인 사업을 하는 사람이라면 내가 무슨 말을 하는지 정확히 알 것이다!

8. 누구나 쓰러지지만 얼마나 빨리 다시 일어나느냐가 관건이다.

EVERYONE GETS DOWN; THE KEY IS HOW SOON YOU GET BACK UP

아침에 일어나서 하루를 두려워한 적이 몇 번이나 되는지 셀 수 없을 정도이다. 의욕이 없었고 피곤했다. 그냥 다시 침대로 기어 들어가고 싶었다. 거래에 실패했거나 게임에서 졌을 때, 뭔가 잘 풀리지 않을 때도 있었다. 그럴 때면 그냥 바위 밑으로 기어 들어가 사라지고 싶었다.

누구나 그런 순간을 겪는다. 중요한 것은 그 순간을 어떻게 극복하느냐이다.

진정으로 성공할 수 있는 사람은 가장 빨리 극복하고 더 강하고 현명하게 돌아오는 사람이다.

9. 잔이 반쯤 비어 있느냐, 반쯤 찼느냐가 중요한 것이 아니다, 누가 물을 따르느냐가 중요하다.

IT'S NOT WHETHER THE GLASS IS HALF EMPTY OR HALF FULL, IT'S WHO IS POURING THE WATER

내가 가장 좋아하는 말 중 하나이다. 사업과 모든 일에서 성공의 열쇠는 자신의 운명을 컨트롤하기 위해 최선을 다하는 것이다. 항상 그렇게 할 수는 없지만, 경쟁을 준비하고 경쟁자보다 한발 앞서 나가기 위해서 최대한 모든 기회를 잡아야 한다. 주도권을 잡으면 자신의 운명을 컨트롤할 수 있다.

10. 성공은 꿈에 있는 것이 아니라 실천에 있다.

IT'S NOT IN THE DREAMING, IT'S IN THE DOING

누구나 성공할 수 있는 잠재력을 가지고 있다. 모두가 그렇다. 대부분 사람은 성공하면 무엇을 할 것인지, 어떻게 하면 성공할 수 있을지에 대해서만 꿈꾼다. 누구나 꿈을 꿀 수 있다.

성공할 수 있는 방법에 대한 아이디어는 누구나 가지고 있다. 성공의 정의가 훌륭한 부모가 되는 것이든, 운동선수가 되는 것이든, 사업가가 되는 것이든, 무엇이든 상관없다.

나는 이걸 어떻게 해야 할지, 저걸 어떻게 해야 할지 공상에 빠질 때면 그런 생각에서 깨어나서 지금 있는 곳에서 내가 원하는 곳으로 어떻게 갈 수 있을지 자신에게 물어본다. 꿈을 꾸기보다는 그것을 이루기 위해 정확히 무엇을 해야 할지 말이다.

11. 돼지는 살찌고, 살찐 돼지는 도살된다.

PIGS GET FAT, HOGS GET SLAUGHTERED[2]

내 파트너인 토드 와그너가 내게 한 말이다. 정말 맞는 말이다. 때때로 당신은 유리한 입장을 취해야만 하지만, 사람들이 흔히 저지르는 가장 큰 실수는 너무 욕심을 부리는 것이다.

모든 좋은 거래에는 서로 윈-윈 할 수 있는 해결책이 있

2 이 속담은 지나친 욕심을 부리면 파멸에 이른다는 것을 뜻한다.

다. 내가 가장 싫어 하는 사람 중 하나는 거래에서 마지막 한 푼이라도 더 챙기려고 하는 사람들이다. 이런 사람들은 거래를 할 가치가 없을 정도로 일을 엉망으로 만드는 경향이 있으며 거래가 성사되더라도 내가 그 사람이나 회사와 다시는 거래하지 않을 방법을 찾게 될 정도로 혐오 수준을 높인다.

사업은 수년에 걸쳐 이루어진다. 가치는 한 번의 거래에서 얼마나 많은 것을 얻어냈는지가 아니라 사업적 관계의 전체적인 업사이드(잠재적 수익)에 의해 결정된다.

12. 한 번만 맞으면 된다.

YOU ONLY HAVE TO BE RIGHT ONCE

앞서 말했듯이, 나는 대부분 사람보다 더 많은 직장에서 해고당했다. 내가 가진 직업 중 일부는 너무 나빴기 때문에 나 자신을 정당화할 수 유일한 방법은 학교에 다니기 위해 돈을 내는 것이 아니라 배우기 위해서 돈을 버는 것이라고 생각하는 것이었다.

나는 실패할 운명이었던 바보 같은 사업(분유 판매)을

시작했다. 나는 원했던 것보다 많은 여자들과 데이트했다. 꿈에 그리던 이성을 찾든, 올바른 직업을 찾든, 재정적 성공을 이루든, 성공의 아름다움은 몇 번이나 실패했던 상관없이 단 한 번만 옳으면 된다는 것이다.

아무도 여러분이 하는 일에 점수를 매기지 않는다. 우리 각자가 노력하는 과정에서 행복과 성공을 찾을 수 있는 방법은 너무나 많기 때문에 몇 번이나 실패하느냐는 중요하지 않다. 단 한 번만 옳으면 된다.

여기서 소개한 방법들은 내가 다양한 상황에서 스스로를 가이드하기 위해 사용한다. 아마도 그것들 중 일부는 당신의 상황에 맞는 방법일 수도 있고 그렇지 않을 수도 있다. 결정은 여러분의 몫이다.

댈러스 매버릭스 구단주 마크 큐반의 비즈니스 경쟁에서 승리하는법

초판 1쇄 발행 2023년 10월 31일

지은이 마크큐반
옮긴이 존 최
펴낸이 최현준
펴낸곳 비즈니스 101
디자인 공간42
출판등록 제2022-000069호
제작 비즈니스 101
주소 서울시 영등포구 영신로 44길 16
전화 0507-1478-7817

ISBN 979-11-983102-5-5(03320)
값 13,000원